双边投资协定质量
与中国企业海外投资

SHUANGBIAN TOUZI XIEDING ZHILIANG
YU ZHONGGUO QIYE HAIWAI TOUZI

刘 晶◎著

中国财经出版传媒集团

经济科学出版社
Economic Science Press

图书在版编目（CIP）数据

双边投资协定质量与中国企业海外投资/刘晶著
. -- 北京：经济科学出版社，2022.9
ISBN 978 - 7 - 5218 - 3993 - 7

Ⅰ.①双⋯　Ⅱ.①刘⋯　Ⅲ.①投资 - 双边条约 - 研究
- 中国②企业 - 海外投资 - 研究 - 中国　Ⅳ.①F752.4
②F279.235.6

中国版本图书馆 CIP 数据核字（2022）第 166518 号

责任编辑：崔新艳
责任校对：刘　娅
责任印制：范　艳

双边投资协定质量与中国企业海外投资
刘　晶　著
经济科学出版社出版、发行　新华书店经销
社址：北京市海淀区阜成路甲 28 号　邮编：100142
经管中心电话：010 - 88191335　发行部电话：010 - 88191522
网址：www.esp.com.cn
电子邮箱：expcxy@126.com
天猫网店：经济科学出版社旗舰店
网址：http：//jjkxcbs.tmall.com
北京季蜂印刷有限公司印装
710×1000　16 开　11 印张　200000 字
2022 年 10 月第 1 版　2022 年 10 月第 1 次印刷
ISBN 978 - 7 - 5218 - 3993 - 7　定价：58.00 元
（图书出现印装问题，本社负责调换。电话：010 - 88191510）
（版权所有　侵权必究　打击盗版　举报热线：010 - 88191661
QQ：2242791300　营销中心电话：010 - 88191537
电子邮箱：dbts@esp.com.cn）

本书受到教育部人文社会科学研究青年基金项目"双边投资协定质量与中国企业海外直接投资研究"（批准号：18YJCGJW007）资助

前 言
PREFACE

　　近年来，全球经济一体化的深入发展，外商直接投资（Foreign Direct Investment，FDI）呈现出快速发展的趋势。与此同时，FDI比出口涉及更高的沉没成本和跨国协调整合成本，对外投资企业面临准入壁垒、征收征用等风险，东道国违约等不确定性投资风险和概率也在增加。东道国对外投资的准入壁垒、征收征用等风险不仅加剧了企业海外经营活动的不确定性，还会给一些企业造成重大损失，成为企业海外投资的主要障碍。双边投资协定（Bilateral Investment Treaties，BITs）是指资本输出国和资本输入国之间签订的旨在相互保护和鼓励双方私人投资活动的书面协定，是外商投资规范方面的重要法律工具，旨在降低缔约双方海外投资者在另一缔约方境内直接投资所面临的非商业风险，为对外投资提供稳定的保护。BITs作为各国保护FDI的重要法律机制，确立了一系列投资者的权利，规定了缔约各方的一系列义务，旨在确保为外国投资者创造一个稳定和有利的营商环境。BITs的发展经历了投资保护、投资促进到投资自由化和便利化三个阶段。双边投资协定诞生于第二次世界大战后的特殊时期，新独立的发展中国家实行大规模的国有化。发达国家为了保护本国投资者，规避本国对外直接投资在东道国遭遇的征收、征用风险以及其他经济利益的考虑，发达国家于 1959 年起开始选择与众多发展中国家签订 BITs（南北型 BITs），来约束东道国的规制权。因此，双边投资协定的基本功能是保护对外投资，国家间要素资源禀赋差异成为当时缔结 BITs 的主要影响因素之一。自 1959 年德国与巴基斯坦签订世界上第一个双边投资协定以来，BITs 得到了飞速发展，尽管每年新签订数量有所减少，BITs 在国际投资保护法律框架中仍占主要地位。截至 2021 年年底，有 80 多个国家参照联合国贸发组织《投资政策框架》《国际投资体系协定改革路线图》重新评估各自现有的国际投资协定，根据联合国贸发组织发布的框架文件修订或起草新的 BITs 范本。美国在 2012 年公布第四版 BITs 范本，印度在 2015 年公布了 BITs 范本，秘鲁在 2020 年公布了 BITs 范本，加拿大、意大利在 2021 年公布了 BITs 范本。① 一些国家在签订新一代的 BITs 实践中，开始进行引入投资促进、可持续发展相关议题等条款的谈判磋商。② 20 世纪 50 年代至今，BITs 仍然是最主要的国际投资法律渊源。早期签订的 BITs 旨在通过降低东道国政府征收的风险来保护来自资本输出国的投资（Bergstrand and Egger，2013）。随着双边投资协定的实践发展，国际社会意识到，BITs 投资促进与东道国对外资的规制权间的平衡具有重要意义。无论是 BITs 中的具体条款（比如投资者定义条款、征收补偿条款、争端解决条款等传统实质条款与程序条款），还是在国际投资协定中愈发重要的投资可持续发展相关新议题，都致力于明确东道国和投资者的权利义务

---

① https://investmentpolicy.unctad.org/international-investment-agreements/model-agreements.

② 联合国贸发会议《2016 年世界投资报告》http://genevese.mofcom.gov.cn/article/yjbg/201607/20160701361956.shtml.

关系。明确的 BITs 条款内容在平衡外国投资者和东道国利益的同时，也实现和促进了东道国的经济的可持续发展与东道国营商环境的改善。伴随着经济全球化以及国际贸易的不断发展，签订 BITs 的主体也由最初的发达国家和发展中国家开始扩展，发展中国家之间的协定（南南型 BITs）数量也逐渐增加，但是仍然以发达国家和发展中国家为主（Dixon and Haslam，2016）。BITs 从历史上最早的友好通商航海条约演变为投资保护、投资促进与投资自由化和便利化协定，这也说明了 BITs 对外商投资企业和东道国提供投资权益保护与促进权衡发展的趋势。

在此背景下，本书将以我国资本净输出的新常态与中国企业海外直接投资权益亟待有效保护为背景，以我国 BITs 质量和中国企业海外直接投资行为为研究对象，考察我国缔结的 BITs 的数量、质量（类型、广度和深度）是否有效防范了我国企业海外直接投资风险，促进了我国企业海外投资健康可持续发展，以及上述影响作用的国家差异、行业差异和企业差异，为提高中国 BITs 质量和效益，有效防范中国企业海外直接投资风险，促进中国海外直接投资健康可持续发展，增强企业和国家在全球投资治理体系中的话语权和影响力提供政策参考。

依据上述研究思路与方法，本书分为七章。第 1 章导论，此部分阐述了本书的选题背景及理论及实践意义。第 2 章对 BITs、BITs 质量影响外商投资的相关理论与实证研究进行系统梳理，并对现有文献研究的不足与改进方向做出一定的评述。第 3 章阐述了 BITs 条款设计、内容发展现状，以及新一代 BITs 条款设计的新趋势和特点。第 4 章构建双边投资协定质量指数来测度评价我国 BITs 实践的质量，从理论上分析了 BITs 质量对海外投资权益保障的成本约束效应、对海外投资权益保障的契约执行效应、对海外投资二元结构的信号效应，对东道国示范效应，以及上述效应的国家差异、行业差异和条款异质性。第 5 章基于 2003～2017 年中国对 103 个国家的双边 OFDI 存量数据及其他相关变量的数据，检验了 BITs 质量、BITs 质量与东道国制度及制度距离的交互作用对 OFDI 的影响机制。第 6 章检验了 BITs 广度、深度和最终执行程度对中国企业海外直接投资二元边际的影响及其影响的行业差异。第 7 章在前 6 章研究的基础上，总结主要研究结论并给出相应的政策建议。

CONT目NTS录

第1章 导 论

全球形势的变化也给跨国投资带来了巨大的挑战。全球经济和货物贸易发展迅猛，而全球外国直接投资流出流量呈现连降的逆势。随着新型经济体和发达国家群体性崛起和参与国际话语权的提升，世界经济全球化正在出现新的发展趋势和走向。随着新兴经济体和发达国家的迅猛发展，他们在世界治理和全球规则制订过程中的话语权正在逐步扩大。国际贸易与跨境融资领域的迅速发展导致世界价值链分工系统形成，其中国际贸易由资本驱动，投资通过国际贸易而获得了在世界价值链中的重要地位，而全球分工体系已逐步由发达国家主导变为了跨国公司主导。这种变革也导致了世界规范制度与投资管理系统不断受到冲击。与此同时，世界地缘政治的安全风险问题也越来越凸显。能源资源保障、粮食安全、网络安全、环境污染管理、气候变化、严重感染性疾病等人们所共同面临的发展新问题风险加大，社会局势也更加严峻。但在技术变革、模式创新和多极化格局带来全球经济高速发展的同时，全球经济治理规则演进相对滞后、全球投资和贸易保护主义抬头等现象，导致国际国内深层次矛盾凸显、地缘政治冲突频发、世界经济下行风险增大以及投资审查机制日益严格。2020年新冠肺炎疫情的突然出现给资本的跨国流动带来了更大的风险和挑战。这些原因使得海外投资公司遇到的投资风险（例如进入壁垒、损失、被征收和东道国违约）持续增加。这不但为公司在海外的经营活动添加了更多的不确定性，而且FDI面临的复杂环境使企业海外投资面临的进入壁垒、征用、东道国违约等（Azzimonti，2019；Julio and Yook，2016）风险与不确定性更高。

东道国的投资风险不仅给企业的海外经营活动增加了不确定性，也同时为某些公司带来了巨大损失，并成为企业"走出去"的主要阻碍。双边投资协定（Bilateral Investment Treaties，BITs/BIT①）是国际投资协定的一种主要形式，是指两个国家签订的对来自对方的投资者和投资在本国境内提供保护的协定，目的是以稳定、有序、规范的法律框架积极促进良好投资环境的形成。自由贸易协定（Free Trade Agreement，FTAs/FTA）更具综合性，涉及投资方面的内容或多或少，BITs 则更为集中，基本只关注与投资相关的事宜，规定了缔约双方作为资本输出国和资本输入国的权利和义务，对缔约双方均具有约束力。若国际投资的东道国违反条约义务，则会产生国际法上的国家责任。届时，国际投资的东道国的违约措施将受到一定的限制，从而一定程度上降低资本输出国在东道国领土内投资发生政治、法律等风险的频率。BITs 包含关于投资争端解决的条款，为缔约双方的投资者预先规定了投资关系应遵循的法律规范框架，有利于减少缔约双方的法律障碍，帮助投资者和东道国投资争端的解决。与多边投资协定（Multilateral Investment Agreement，MAI）相比，BITs 由缔约双方在多轮谈判、议定的基础上签署，因而缔约双方在协定的内容上拥有更多共识，减少了缔约国随意违反协定而对另一缔约方投资采取不利措施的可能性（Bubb and Rose-Ackerman，2007）。在此背景下，BITs 作为管理经济发展水平各异的国家间投资关系的主要工具，被认为是保护外商投资者最重要和最有效的方式。

　　BITs 起源于 20 世纪 50 年代末期，德国与巴基斯坦于 1959 年签订了世界上第一个双边投资条约。20 世纪 50 年代后期，众多发展中国家独立，这些新国家普遍倡导经济主权原则并大规模实行国有化，纷纷对外国私人投资采取直接征收、国有化等措施。在该背景下，若有发达国家的投资者在发展中国家进行投资活动，保护该投资者的最好的方式就是由发达国家政府与发展中国家政府签订 BITs，而协定是否能够达成，则取决于双方能否在共同利益的基础上调和矛盾分歧。所以，在当时，BITs 大多数情况下都由发达国家和发展中国家签订（又称南北型 BITs），海外投资则指的就是由发达国家向发展中国家的单向流动。

　　截至 2022 年 4 月，全球签订 BITs 的数量已达 2794 项，其中共有 2227 项协定已生效；签订包含投资条款的国际条约（Treaties with Investment Provisions，TIPs）425 项，其中 333 项已生效。② BITs 在数量上占国际投资协定

---

① 两国间签订的一项双边投资协定简称 BIT，泛指双边投资协定时简称 BITs。

② https：//investmentpolicy. unctad. org/international-investment-agreements，2022 年 4 月 29 日进入。

（International Investment Agreements，以下简称 IIAs）的主导地位，是保护和促进国际投资的有效方式。经济全球化和频繁的国际投资活动，促使新一代 BITs 更加注重市场自由化、透明度、公共利益等条款义务的细化。加速建立更高层次开放型市场经济新体系、促进世界资金的流动迫切需要一种全新的富有法治约束力的全球资本规范。但多边投资协议谈判牵扯范围较广且问题繁多，发达国家和发展中国家之间在许多国际投资规则的实质性问题上仍面临巨大的利益分歧，全球性的多边投资协议往往无法实现，导致至今全球还没有一个综合性的多边投资规则体系来保护资本跨国流动的安全。如何进一步引导和规范对外投资方向，推动对外投资有序和健康发展将成为中国乃至全球各大经济体面临的新课题。

事实上，加快推进国际直接投资发展迫切需要一个全面的具有法律约束力的国际投资规则。然而，多边投资谈判牵扯面广且矛盾众多，发达国家与发展中国家在诸多投资规则的实质性问题上仍存在严重利益分歧，全球性的多边投资协定难以达成（李玉梅和桑百川，2014）。而多边投资谈判的长期停滞推动了 BITs 的迅猛发展，但数目庞大的 BITs 缺乏统一性与一致性，甚至存在重叠与矛盾，使得国际投资体系碎片化，更难以建立一个透明、便利与可预测的投资环境。换言之，全球性的投资政策指导方案失效必然要求各个国家积极主动地降低投资成本、时间与风险。

近年来，全球新签订 BITs 的数量增速趋缓，缔约主体也发生了变化，发展中国家之间也签订了很多 BITs（又称南南型 BITs）。通过 BITs 保护海外投资的呼声日益高涨。BITs 在诞生之初就与签约国之间的政治、经济、法律制度的差异联系在一起。早在 BITs 成为国际投资法制的主流形式之前，由于国家间的政治法律制度和经济结构存在差异，国际社会在全球及区域层面尝试缔结内容广泛且具有普适性的 MAI 始终未能实现。尝试参与缔结条约的国家数目越多，国家间政治法律制度和经济结构差异引致的矛盾冲突就越大，从而更难达成有效的协议。相对而言，双边层面更容易克服制度方面的冲突引致的协调成本，因此，BITs 逐渐作为促进、保护和管理国际直接投资的专门性条约而被广泛使用。此时对于资本输出国而言，投资者海外投资经营的利益面临威胁，客观上产生了与东道国签订 BITs 以保护国内投资者财产权利的需要。实际上，BITs 的目的是增加国家间的相互联系，反映各国融入全球经济分工体系的意愿，但在实践中，更多体现为国家关系特殊化的工具。大多数 BITs 都是在发达国家和发展中国家之间进行的，20 世纪

70 年代广泛用于防范投资者在发展中国家投资经营面临的征用、征用风险。对于资本输入国而言，随着国际直接投资对本国经济增长的促进作用愈加凸显，其越来越为发展中国家所青睐，因此发展中国家也开始积极参与缔结 BITs，以便吸引更多的外资流入，达到承接国际产业转移、以市场换技术与管理经验、促进经济繁荣的目的。因此，签署高质量、有针对性的投资协定，提供全面的保护和风险规避，已成为鼓励和促进海外投资的重要举措。

BITs 对 FDI 影响的研究并没有达成一致的结论（Billing and Lugg，2019；刘晶，2017；Schlemmer，2016），一些研究表明，缔约国通过签订 BITs 向潜在海外投资释放营造 FDI 友好型营商环境的承诺，对潜在海外投资者产生正向预期行为影响，有利于吸引 FDI（Bodea and Ye，2020；Colen et al.，2016；Myburgh and Paniagua，2016；Frenkel and Walter，2019）。BITs 中投资者—国家争端解决机制（Investor-State Dispute Settlement，ISDS）等实质性条款内容的严格和透明程度对 FDI 净流入规模产生了积极影响。另一些研究则没有发现 BITs 与 FDI 间的显著关联关系（Tobin and Roseackerman，2011），甚至发现签订 BITs 抑制了 FDI（Berger et al.，2013；董有德和赵星星，2014；Kollamparambil，2016）。

随着 BITs 规模不断扩大，BITs 实践中对海外投资规定了不同的标准和待遇。在实际利用 BITs 时，协定所提供的保护可能只会有利于某些类型的FDI，其经济效应对不同形式 FDI 的影响可能存在较大差异。由于 BITs 具有标准的范本和相似的条款内容，早期的研究大多假设 BITs 具有同质性。但与不同国家签署的 BITs 中，部分关键条款存在较大差异，因此 BITs 条款设计和内容严格程度也存在异质性。对于不同制度环境的东道国，BITs 质量差异、BITs 质量作用机制传递渠道差异使企业对外直接投资效应也存在差异，BITs 及其一些特定的重要条款能否真正实现其吸引 FDI，为海外投资提供充分的权益保障，还需要进一步研究（Thompson et al.，2019；Manger and Peinhardt，2017）。

随着国际投资的不断发展，BITs 实践中"互惠共赢"的特征逐渐取代了"利益冲突"的特征，条款在内容上表现为具有保护、促进跨国投资与管制跨国投资者行为的双重目标。BITs 最初在保护投资者利益的基础上，促进投资发展有效进行。公平公正条款、最惠国待遇和国民待遇为投资者提供了一个有利的投资环境。随着 BITs 实践的发展，这些基础的保护性条款也扩展到了新的领域。比如，为扩大市场准入，促进投资自由化和便利化的发展，国民待遇条款从最初的准入后国民待遇扩展为准入前的国民待遇，涵盖了投资前的准备阶段。另外，当投资者与东道国出现投资争议时，可通过投资争端解决机制寻求法律保护。投资者—国家争端解决（Investor-State Dispute Settlement，ISDS）近年来也在进行机制改革，以求为投资者和东道国提供更加有力的法律保障。BITs 实践发展更加注重寻求投资者利益保护和东道国公共利益国家规制权之间的平衡，对东道国的公共利益维护和国家安全审查做出具体规定，对投资与环境、投资与劳工关系的条款义务进行细化，彰显对缔约东道国国家利益的重视和保护。

BITs 条款设计和内容的改进同时也会对发展中东道国的法制环境产生示范效应，进而影响发展中国家社会和经济发展水平（Ye，2020）。因此，在 BITs 条款设计与内容深度安排上，需要同时关注投资者利益和东道国的利益间的平衡，通过高质量的 BITs 条款安排与内容设计，激励外商投资者确保在投资过程中遵守当地法律和法规，实现对东道国经济和产业发展政策目标的正向溢出效应，同时获得东道国吸引经济和产业政策目标服务型 FDI 激励而提供的高标准外资权益保障，实现"互惠共赢"。BITs 的具体内容通常包含实体性内容，如有关对缔约国双方投资必须履行的权利与义务的规定，有关处理投资方和缔约国双方之间投资纠纷的程序性规定，以及新一代 BITs 范本中涵盖的可持续发展相关议题条款。BITs 为缔约国企业和投资方之间构建稳固的资本伙伴关系创造了完善的法律规则架构，这能够有效降低或者规避投资障碍和风险，从而减少企业在海外投资的成本，并提升了东道国资本便利化水平，从而促进新的投资的加入和原有企业投资新的行业。

1.1　中国 BITs 实践发展与演进

在上述情况下，通过与东道国达成 BITs 保护海外投资公司的呼声越来越高，因此，近年来我们可以看到全球 BITs 的签署数量正在显著增加。为弥补多边投资规则功能的瑕疵，签订 BITs 已逐渐成为当今世界上不少发达国家政府保护、调节、规范和引导外商进行投资的主要政策和手段。同时出于维护国内"走出去"企业的合法权益，我国也在大力推动 BITs 实践。中国于 20 世纪 80 年代开启 BITs 实践，于八九十年代签订了大量当下依然发挥作用的 BITs，但当时中国对外投资规模十分有限，并无保护海外投资的强烈需求。BITs 作为配合中国对外投资政策演变的国际司法实践，早期主要用于向国际社会表明中国开始融入世界经济，树立吸引外资、对标国际先进规则、营建外资友好型营商环境的"负责任大国"形象。改革开放以来，中国从打开国门引入外资到走出去；从单纯依靠人口红利和中国制造，发展到用市场红利和中国资本作为中国经济与世界经济交融的重要方式。在此过程中，中国国际投资地位发生重要变化，在保持资本输入大国的同时，成长为世界重要资本输出来源地。这意味着中国在全球经济增长贡献、全球资本输出来源和全球治理实践三个层面都发挥着举足轻重的作用。中国国际治理经验开始对全球治理产生影响。随着中国进一步融入全球经济，"走出去"步伐加快，中国的 BITs 实践开始注重保护海外投资，促进构建开放型经济新体制。但就实践效果来看，与在世界投资格局中的身份和影响力的变化相比，中国的 BITs 实践仍处于滞后的发展阶段，在保护投资者和确保东道国公共管理规制权方面，两者的权益平衡亟待完善。

自 1982 年 3 月中国与瑞典签订第一个 BIT，至 1996 年中国与沙特、黎巴嫩等签订 BITs，可被认定为中国签订 BITs 的第一阶段，在这个阶段内签订的 BITs 数量爆发式增长。但该阶段签订的 BITs 文本内容简单、形式单一。当时中国作为资本输入国，仅在 BITs 实践中承诺公平待遇和最惠国待遇，而投资争议部分则提交专设的国际仲裁庭。中国当时的经济并不具备"走出去"的实力，这个阶段中国签订的 BITs 文本同质化程度高，强调对 FDI 保护程度，对外直接投资（Outward Foreign Direct Investment，OFDI）的保护效率低，并不能在指导和促进投资治理方面发挥话语权。

第二阶段是 1996~2012 年，此阶段中国经济快速发展，从资本净输入国转变为兼具资本输出国与资本输入国的双重身份，但此时的投资协定基本是作为资本输入国所签订的，无论是实体条款还是争端解决条款，都缺乏有效的海外投资保障条款。

第三阶段是 2012~2015 年，其中，2015 年，我国对外投资的资金流出额为 1456.7 亿美元，外来投资的资金流入额为 1355.77 亿美元，① 对外投资的资金流出额首次超过了外来投资的资金流入额，预示着我国成功转变为净资本输出国。随着中国国际投资地位的转变，BITs 实践的发展更加注重对

---

① http://fec.mofcom.gov.cn/article/tjsj/tjgb/201609/20160901399223.shtml.

投资者的保护，表现为逐渐接受最低待遇标准、放宽投资资本转移限制、国际仲裁解决投资争议范围扩大。

第四阶段是 2015 年至今，截止到 2016 年 12 月，我国 OFDI 的规模都在加速增长，并于 2016 年实现增长峰值 1961.5 亿美元，连续两年位居全球第二。[①] 但自 2016 年后，我国 OFDI 就开始呈现出逐年下降的趋势。2019 年降至 1369.1 亿美元，蝉联全球第二，存量保持全球第三，同比下降 4.3%，流量规模仅次于日本（2266.5 亿美元），[②] 但仍低于 2015 年的水平。造成这种趋势的主要原因是我国的国内、国际环境正在面临新的发展形势。当今世界正在陷入前所未有之重大变局，全球政治与经济社会格局也出现实质性的变化。以数据科技革命、生物科技革命和新能源技术革命为典型代表的第四次产业大革命，正在重塑着全球政治、经济、地理版图。人工智能、互联网、云计算等新兴科技，正不断地从根本上重塑人类生产生活方式和经营技术范式。这一阶段则是中国修订 BITs 和签订新的 BITs 的高峰期，中国新一代 BITs 应立足于中国兼具资本输入和资本输出大国的双重身份，服务于我国改革目标和现实需要。

随着中国经济实力进一步壮大，中国应在新一轮全球贸易投资规则重构中发挥更积极作用，在修订 BITs 时，应当对条款设计字斟句酌，立足本国国情，使其逐渐发展完善，并具有前瞻性和可预见性，以更好地服务于开放型经济新体系的构建。党的十九大报告提出要贯彻新发展理念，建设现代化经济体系，推动形成全面开放新格局。[③] 以"一带一路"倡议为重点，坚持引进来和走出去并重，遵循共商共建共享原则，加强创新开发的能力，推进贸易强国建设，实行高水平的贸易和投资自由化、便利化政策，全面实行准入前国民待遇加负面清单管理制度，大幅度放宽市场准入，扩大服务业对外开放，保护海外投资合法权益。[④] 自"走出去"战略实施以来，2017 年中国 OFDI 流量达 1582.9 亿美元，同比下降 19.3%，自 2003 年中国发布年度 OFDI 统计数据以来，首次出现负增长。但仍为历史第二高位（仅次于 2016年），占全球比重连续两年超过一成，从双向投资情况看，中国 OFDI 流量

---

① http://images.mofcom.gov.cn/fec/201711/20171114083528539.pdf.
② http://images.mofcom.gov.cn/hzs/202010/20201029172027652.pdf.
③ http://cpc.people.com.cn/19th/n1/2017/1023/c414305-29603141.html.
④ http://theory.people.com.cn/n1/2020/1223/c40531-31975771.html.

已连续三年高于吸引外资规模。① 这一阶段的全球 BITs 实践中，发达国家和发展中国家都逐渐认识到，既要覆盖可持续发展相关议题，对标国际高标准 BITs 实践，同时，应关注程序条款的内容深度，比如，应细化协定中投资者的义务，明确以东道国自身利益为依据，对投资的保护范围应能适当平衡国内外投资和促进本国经济发展之间的关系，以增强投资者预期，促进 FDI 对东道国发展的贡献。

随着中国经济的快速发展，中国正从单一资本输入国向双向投资国转变。一方面，企业自身国际化经验缺乏以及近年来国际"逆全球化"趋势升温，企业境外投资仍面临较大挑战，尤其是与经营密切相关的合规化经营运作，企业在境外投资面临和国内完全不同的法律制度和营商环境，合规化风险较大。另一方面，随着国际投资自由化趋势以及中国经济的快速发展，国际投资更加频繁和自由，需要进一步加大对国际投资运用去向的监管力度，尽快完善国内监管法律法规。自 2020 年 1 月起正式施行《中华人民共和国外商投资法》（简称《外商投资法》），其取代原有的三部外商投资企业法，成为中国促进、保护和管理外商投资的基础性法律。《外商投资法》的出台顺应了高水平投资自由化与便利化的要求。同时，应优化企业营商环境，提高利用外资的质量；构建高水平中国企业海外投资预警机制，识别中国企业海外投资运营的真实风险。为解决现行 BITs 中存在的问题，也促使中国 BITs 适应中国向双向投资大国转型的现实需要，BITs 实践中，需要尽快构建中国双边投资协定范式，即明确中国双边投资协定的基本前提和价值导向，并在具体条款中补充和完善其在投资保护、促进可持续发展、改善东道国营商环境和改进投资者—国家投资争端解决等方面的功能，对标国际高质量 BITs 范本，有针对性地加强国内立法实践的有效协调，维护中国企业海外投资权益。

1.2 中国与"一带一路"沿线
国家 BITs 实践

与此同时，在中国 2000 年提出的"走出去"战略和 2013 年提出的"一带一路"倡议的双驱动下，我国的战略逐渐从局部试点发展为全面对外

开放，贸易对象逐渐从商品扩大到资本，国际形象也逐渐从贸易强国转变为投资大国。当今的中国企业海外直接投资也实现了跨越式发展。研究 BITs 质量发展的趋势，可以有助于中国 BITs 治理的完善。截至 2021 年底，中国已与 105 个国家签订了 104 项 BITs，但只与其中 13 个"一带一路"沿线国家修订过 BITs。① "一带一路"沿线国家总共有 65 个（不包括中国）。至今，"一带一路"沿线国家中有 58 个国家同中国签订了 BIT，7 个国家尚未与中国签署。其中 20 世纪 60 年代中国与"一带一路"沿线国家签订 6 项 BITs，20 世纪 60 年代签订了 39 项，2000 年至今，签订了 13 项。② 中国签订 BITs 的能力和范围仍有较大发展空间。中国应主动适应国际投资发展的趋势，通过中美、中欧 BITs 的谈判以及与"一带一路"沿线国家签订、更新 BITs，推动更大范围、更高水平、更深层次的国际投资合作。中国与"一带一路"沿线国家签订的 BITs 的主要功能仍然局限于保护投资者利益方面，呈现出实际操作性不强和企业实际利用率低的特点，中国与"一带一路"沿线国家签订的 BITs，其主要内容包括投资和投资者定义条款、投资待遇条款、征收条款、汇回条款、缔约国之间争端解决条款以及缔约一方与缔约另一方投资者争端解决条款等。中国与不同国家签订的 BITs 在一些条款上存在细微的差异，主要体现在投资者定义条款、投资者待遇条款和 IS-DS 条款上。虽然中国与"一带一路"沿线国家基本上都签订了 BITs，但是这些 BITs 都存在投资保护功能不足、促进可持续发展功能缺位、改善东道国营商环境功能缺失，以及 ISDS 功能存在缺陷功能缺失的问题。

1.3　中国与发达国家 BITs 实践

中国在 2020 年提出要加快构建以国内大循环为主体、国内国际双循环相互促进的新发展格局。具有中国特色的经济发展布局并不是封闭式的国内循环系统，而要通过更加开放的境内与全球双循环系统，使中国经济社会快速转变发展方式，进一步优化经济社会内部结构，转变经济发展动力，逐步实现经济社会由高速度经济发展走向高品质增长。③ 中国步入高水平对外开

①② http：//tfs. mofcom. gov. cn/article/Nocategory/201111/20111107819474. shtml.

③ https：//gzdaily. dayoo. com/h5/html5/2020 – 08/27/content_133596_718140. htm.

放的新时期。资本要素的双向国际流动即利用外资和对外投资是我国构建开放型经济体系的重要内容之一。近年来，中国利用外资和 OFDI 规模一直保持在世界前列，稳居排名前三位。2021 年，我国新设外商投资企业 6.1 万户，同比增长 23.3%，实际使用外资金额 11493.6 亿元，同比增长 14.9%；2021 年，我国对外全行业直接投资 9366.9 亿元人民币，同比增长 2.2%（折合 1451.9 亿美元，同比增长 9.2%）。其中，我国境内投资者共对全球 166 个国家和地区的 6349 家境外企业进行了非金融类直接投资，累计投资 7331.5 亿元人民币，同比下降 3.5%（折合 1136.4 亿美元，同比增长 3.2%）。① 自 2018 年始，我国开启了新一轮以扩大产业开放度为主要特征的改革开放新高潮，尤其是服务业领域，对外商投资的开放幅度明显扩大，开放了许多以前不开放的新领域，引进更高标准的国际投资规制符合现阶段中国的利益诉求。因此，怎样防范并化解因国内外环境的重大不确定性影响对世界资金流向的负面冲击，怎样进一步引领和规范对外开放投资方向和促进对外开放投资新秩序的健康蓬勃发展，以及怎样推动建立新型经济社会发展格局，已成为我国以及全球各国共同面对的新课题。

为在中国与欧盟成员国已经签署的投资保护协定的基础上，尽早达成一个更高水平、涵盖投资保护和市场准入的协定，2014 年中国和欧盟 BITs 正式启动。自 2019 年末开始，谈判节奏加快，中欧磋商已进行至 26 轮谈判磋商。磋商在市场准入规则、争端解决机制、公平市场竞争等核心议题领域取得进展，并最终于 2020 年 12 月 30 日前如期完成了《中欧全面投资协定》（EU-China Comprehensive Agreement on Investment，以下简称《中欧 CAI》）谈判。该协定是欧盟在 2009 年《里斯本条约》生效后签订的第一份投资协定。在之前 25 轮谈判的基础上，中国与欧盟在 2020 年总共开展了 10 轮中欧投资协定谈判，谈判主要围绕文本和清单展开。商务部称《中欧 CAI》对标国际高水平经贸规则，着眼于制度型开放，是一项平衡、高水平、互利共赢的协定。② 根据欧盟公布的原则议定文本，该协定包括前言、目标和定义、投资自由化、监管框架、投资和可持续发展、争端解决、机构规定章节，另外还附有补充透明度的规定、国家间争议解决程序规则、国家间争议仲裁庭和调解员的行为守则附件。该协定在很大程度上是一份具有里程碑意

---

① http：//hzs.mofcom.gov.cn/article/date/202201/20220103238997.shtml.

② http：//www.gov.cn/xinwen/2020 – 12/31/content_5575662.htm.

义的 IIAs。首先，该协定明确了市场准入的相关规定，《中欧 CAI》在"锁定"对中国的市场开放之外，明确了中国对欧盟的市场开放承诺，尤其是服务业市场开放（比如金融及空运等）领域。其次，该协定首次纳入了专门的"投资和可持续发展"章节。尽管我国不少投资协定均纳入了环境保护及劳工权利保护等条款，但 IIAs 以专章形式纳入可持续发展章节规定，对中国而言还是首次。尽管截止到 2022 年 6 月《中欧 CAI》尚未正式生效，但该协定对于中国未来缔结 IIAs 可能的影响不容忽视。中国希望通过与欧盟谈判签署比现有协定标准更高的投资协定，助推新一轮更高水平对外开放，从而促进国内新一轮经济增长。

第2章 文献综述

    BITs 是指投资东道国和资本输出国为保护和促进两国间的直接投资而签订的法律协定。BITs 可以通过保护投资者的产权并确保其享受公平和优惠的待遇来促进双边投资，例如，保障投资人在东道国的产权安全，防止由于所在国的政治风险或局势波动引起的非法征收和权益侵害，以及出现资本损失时，投资人也可以按照条款规定有效地获得平等公正的补偿（宗芳宇等，2012）减少资本输出国企业海外直接投资因东道国政治风险而遭受的损失（Sauvant and Sachs，2010）。18 世纪末，美国、日本和一些西欧国家签订的友好通商航海协定被视为 BITs 的雏形。20 世纪 50 年代末，FDI 方兴未艾的同时，跨国公司在东道国面临的直接、间接"征收、征用"风险是阻碍 FDI 发展的重要因素之一，而《关贸总协定》（General Agreement on Tariffs and Trade，GATT）的保护作用仅限于贸易。为降低母国投资者在东道国的资产因"征收、征用"风险而引致的成本，联邦德国与多米尼加共和国、巴基斯坦于 1959 年分别签订了最早的、具有现代意义的两个 BITs。早期大多数 BITs 是由资本充裕的发达国家与资本稀缺的发展中国家签订的，比如非洲与西欧国家间的 BITs。20 世纪 80 年代债务危机在发展中国家全面爆发，国际商业银行对发展中国家的贷款大量减少，FDI 逐渐取代国际商业银行贷款成为发展中国家经济发展的主要资金来源，同时发展中国家利用 FDI 振兴本国经济所产生的示范效应，使越来越多的发展中国家东道国将 BITs 视作吸引 FDI 流入的重要政策工具。1959 年至今，BITs 条款从防范"征用"风险到全面促进 FDI 自由化，涵盖市场准入，保障公正、平等、非歧视外资待遇，国民待遇，资本自由转移，征收与补偿，争议解决机制等投资者海外投资经营的各方面可能遭遇的潜在风险。BITs 的框架设计与内容安排经历了漫长的演化过程，从发展中国家间吸引 FDI 的竞争政策工具演变为东道国 FDI 治理的政策调控工具。2012 年美国 BITs 范本的修订版是全球最透明、对投资保护程度最高的版本。

尽管多边投资协定长期被国际社会关注，但是具有广泛约束力的全球多边投资协定难以一蹴而就，BITs 仍在国际投资法律制度体系中占据主导地位。截止到 2022 年 6 月，全球生效的 3269 项 IIAs 中，约 87% 是以 BITs 的方式实现的，其中北南型 BITs（发达国家与发展中国家签订的 BITs）占55%，南南型 BITs（发展中国家间签订的 BITs）占 43%，北北型 BITs 只占2%。① 世界上绝大多数国家签订了 BITs，平均每个国家达成 182 项 BITs，全球平均每周产生 3 个新的 BITs 协议。② 从规模上看，全球 BITs 趋于饱和，数量扩张对全球 FDI 增长的边际效应不断递减；从结构上看，北北型（发达国家间签订的 BITs）、南南型 BITs 超过南北型 BITs 增长速度；从条款设计上看，发达国家对 BITs 条款的设计趋向于由"促进投资自由化"向"促进可持续发展"和"负责任的商业行为"转变，发达国家与发展中国家签订 BITs 动机的差异，导致全球各国 BITs 条款设计和内容差异明显（Büthe and Milner，2014；Berger et al.，2013；Sachs and Sauvant，2010）。现有 BITs 对投资的保护程度普遍不高，对 FDI 流入促进作用并不明显。因此，短期内切实可行的抓手仍是不断提高 BITs 条款设计和内容，即 BITs 质量。

学者已从不同的视角，采用不同的样本和方法研究了 BITs 对 FDI 影响的相关问题。本书基于既有的国内外文献，总结和梳理现有相关研究进展，已有研究成果主要包括三个方面：第一，资本输出国与东道国间达成的BITs 数量对 FDI 的影响；第二，BITs 影响 FDI 的机制；第三，BITs 质量对FDI 影响的差异。

---

① 数据来源：https：//investmentpolicy. unctad. org/#carousel-example-generic（访问时间 2021 – 04 – 22）。

② 数据来源：https：//investmentpolicy. unctad. org/international-investment-agreements（访问时间 2021 – 04 – 22）。

2.1 资本输出国与东道国间达成的 BITs 数量对 FDI 的影响

2.1.1 BITs 是否促进了东道国吸引 FDI 流入

BITs 确立了一系列投资者的权利，规定了缔约各方的一系列义务，旨在确保为外商投资者创造一个稳定和有利的营商环境。此类研究将 BITs 视为无差异，只关注是否签订 BITs、签订 BITs 的数量对 FDI 的影响。但鉴于方法和样本选择差异，实证检验 BITs 对 FDI 影响的研究并没有得到一致的结论（Kerner, 2009；Bellak, 2013）。其中多数文献认为，东道国通过达成 BITs 来弥补国内正式制度缺陷（formal institution voids）及相关执行机构可信度缺失，吸引 FDI 流入显著增加（Salacuse and Sullivan, 2005；张鲁青和冯涌, 2009；Berger et al., 2010；Baker, 2014；Lukoianova, 2013；Büthe and Milner, 2014；Falvey and Foster-McGregor, 2017；Das and Banik, 2015；Lejour and Salfi, 2015；Falvey and Foster-McGregor, 2015；Colen et al., 2016；Cho et al., 2016；Jacobs, 2017；Aisbett et al., 2018），特别是由发达国家流向发展中国家 FDI 的促进效应更为明显（Busse et al., 2010）。资本输出国通过达成 BITs 来缓解东道国政治风险，保护海外投资者的财产权以及保障海外投资的公平和优惠待遇（Williams et al., 2017），减少跨国企业海外经营固定成本（Kerner and Lawrence, 2014），与 FTAs 相比，更有效降低资本输出国海外投资风险，促进 OFDI（Billing and Lugg, 2019；Schlemmer, 2016；Nguyen et al., 2014；Colen et al., 2014；Bento, 2013；Vashchilko, 2011）。贝克尔和奥伽瓦（Bekker and Ogawa, 2013）指出，BITs 比海外投资保险更能有效防范企业海外投资风险。盖琳（Guerin, 2011）的研究结果也表明：签订 BITs 后，从欧盟成员国流向发展中国家的 FDI 增长了 35%。BITs 对 FDI 的影响呈现明显的国家、区域和行业等维度的异质性：BITs 签约国间经济规模差异越小（Falvey and Foster-McGregor, 2015）、制度和经济发展水平差异越大（邓新明等, 2015；贾玉成和张诚, 2016；Myburgh and Paniagua, 2016；Falvey and Foster-Mc Gregor, 2017）、战略同盟关系越紧密，签订 BITs 的投资的促进效应越强。签订 BITs 的海外投资者希望进一步保护海外资产，获得更多利益。因此，两国间 FDI 参与程度越深入，投资领域越广泛，两国间签署 BITs 的紧迫性越强（Liu et al.，2021）。两国间利益和力量差距越大，通过签订 BITs 平衡上述差距的必要性越强（Aisbett et al.，2018；Han et al.，2020；Lavopa et al.，2013；Simmons，2014）。从双边投资促进效果来看，中等收入国家，特别是东亚和中东欧地区，从签订 BITs 中获益最多，发达国家获益较少（Lejour and Salfi，2015）。科伦等（Colen et al.，2016）的研究发现：签订 BITs 对 FDI 的促进效应存在显著的行业差异，签订 BITs 对来自沉没成本较高、知识专用性较低、政治敏感度较高行业的 FDI 促进效应更大。

　　但也有研究表明，签订 BITs 对海外直接投资风险的防范作用并不显著（Hallward and Hallward-Driemeier，2003；Swenson，2005；Yackee，2009；Bonnitcha，2012；Berger et al.，2013；董有德和赵星星，2014；Kollamparambil，2016）。托宾和罗塞克曼（Tobin and Roseackerman，2011）考察了全球 BITs 增长与发展中国家 FDI 流入之间的关系，结果表明，两者间呈现出非线性的关系，FDI 流入的增长速度是递减的，签订 BITs 对流入发展中国家的 FDI 并不存在显著正向影响，BITs 作为吸引 FDI 流入发展中国家的政策工具效果越来越弱。本戈亚·卡尔沃等（Bengoa-Calvo et al.，2020）对区域贸易协定（Regional Trade Agreement，RTA）和 BITs 促进东道国吸引外商投资的效果进行了比较研究。研究结果表明，RTA 对外商投资的促进作用远高于 BITs。张和弗拉蒂尼（Chang and Fratianni，2010）以 30 个 OECD 成员国和 118 个非 OECD 成员国间双向 FDI 为样本，考察了签订 BITs 的投资促进效应，研究结果表明：BITs 网络结构效应有利于东道国的知识产权保护，更多地发挥贸易平台功能，降低了签订 BITs 对样本国家间的双边 FDI 流动。全球 BITs 规模迅速扩张与全球跨国投资权益保障效率较低、保障机制缺失并存的状况表明，BITs 并未显著地促进 FDI 流入。相对于签订 BITs 而言，能否吸引 FDI 流入主要取决于东道国的政治、经济、制度环境等传统因素的影响（Yackee，2009）。里奥斯·莫拉莱斯等（Ríosmorales et al.，2014）采用统计和机器学习方法（machine learning techniques）考察了签订 BITs 是否促进 FDI 流入瑞士，以及是否为瑞士 OFDI 提供了权益保障机制。研究结果表明：首先，签订 BITs 对瑞士吸引 FDI 流入以及瑞士 OFDI 均没有明显的促进作用；其次，签订 BITs 有助于东道国增强政治稳定性及东道国制度、法制环境的完善（Ríosmorales et al.，2014）。

一些学者关注了实证研究中 BITs 对 FDI 流入的促进作用并不显著的原因。第一，政府行为惯性（given government behavior）、投资者与政府间重复博弈、声誉效应（reputation effects）等因素削弱了 BITs 投资保障机制的效应（Poulsen and Aisbett，2013）。第二，样本、指标和研究方法的差异是导致 BITs 对 FDI 影响研究结果不一致的原因之一。伯格等（Berger et al.，2013）指出 BITs 对 FDI 流入的正向影响只有在样本中包含转型经济国家时才较为明显。霍尔沃德－德里梅尔（Hallward-Driemeier，2003）的研究表明，签订 BITs 对发展中国家吸引来自 OECD 国家的 FDI 流入作用显著。罗森道夫（Rosendorff，2011）采用随机系数面板模型对亚洲金融危机后的数据进行实证检验。该发现签订 BITs 对发达国家吸引 FDI 流入的促进作用要优于对发展中国家的促进作用。贝拉克（Bellak，2013）指出，BITs 对 FDI 流入的促进作用是防御性的（defensive），签订 BITs 仅有助于促进已经在东道国投资、经营的海外投资者向东道国再投资。第三，随着全球 BITs 数量增加，其对吸引 FDI 流入的促进作用呈递减趋势，因此实证研究结果并不显著。

2.1.2 BITs 是否保护了资本输出国 OFDI

早期的 BITs 旨在通过减少东道国政府的"征用"风险保护来自来源国的投资。近年来，BITs 越来越强调海外投资的促进作用。签订或修订 BITs 为资本输出国在东道国的海外投资、经营提供权益保障，促进了资本输出国 OFDI 存量增加（Pinto et al.，2010；Egger and Merlo，2012；宗芳宇等，2012；Bellak，2013；张中元，2013；董有德和赵星星，2014；陈继勇和计飞，2016），修订 BITs 对 OFDI 的促进作用甚至超过签订 BITs（Egger and Pfaffermayr，2009）。盖琳（Guerin，2009）关于欧盟成员国签订的 BITs 对其 OFDI 影响的研究结果表明：首先，签订 BITs 有效降低了欧盟成员国企业在东道国的投资风险和市场进入壁垒，促进成员国 OFDI 流出；其次，里斯本协定之后欧盟各成员国的 BITs 谈判及缔约权将由欧盟委员会统一履行。欧盟委员会应优先选择与欧盟成员签订 BITs 获益最大的东道国，比如菲律宾、罗马尼亚和南非，进行新的欧盟 BITs 版本谈判，统一后的欧盟 BITs 模板应更重视条款和内容的设计。董有德和赵星星（2014）基于跨国企业知识－资本模型（K-C model），将跨国企业垂直型 OFDI（VFDI）、水平型 OF-DI（HFDI）的动机纳入统一的理论框架，分析了签订 FTA、BITs 所引致的贸易成本下降对中国企业 OFDI 的影响，并结合 2003～2011 年中国对 71 个经济体的 OFDI 面板数据对理论假设进行验证。检验结果表明，BITs 并非促进中国 OFDI 的有效政策工具。埃格尔和默罗（Egger and Merlo，2012）从微观视角分析了签订 BITs 对资本输出国企业行为的影响渠道，他们将 BITs 纳入异质性企业模型，考察了签订 BITs 对跨国企业海外投资深度（海外投资企业雇员数、海外投资规模、海外销售额等）和广度（跨国企业在东道国新增企业数、企业新增工厂数）的影响，然后采用德国跨国企业在全球海外投资经营数据进行实证检验。该研究发现：BITs 对跨国企业海外投资的影响是多维的，资本输出国通过签订 BITs，降低了跨国企业在风险较高东道国投资经营的成本，促进了跨国企业在东道国企业数量、企业新增工厂数量、企业 FDI 存量及固定资产存量的增加。宗芳宇等（2012）构建了 BITs、东道国与资本输出国制度环境影响来自发展中国家企业 OFDI 区位选择的分析框架，并结合中国上市企业 2003～2009 年 OFDI 面板数据进行实证检验，结论如下：首先，BITs 能够促进中国企业 OFDI 流向 BITs 签约伙伴国；其次，通过与制度环境较中国恶劣的东道国签订 BITs，能够显著促进中国企业对签约国进行直接投资；最后，签订 BITs 促进了获得较少母国制度及政策支持的非国有企业的 OFDI。李平等（2014）采用门槛回归模型确定中国签订 BITs 的最优制度距离区间，从制度距离的视角考察了签订 BITs 对中国 OFDI 促进作用及其区域异质性，与发展中国家签订 BITs 的投资促进效应更显著。李依颖等（2019），基于 FDI 综合动因理论，以 BITs、区域制度为核心解释变量构建门槛模型，深入研究了 BITs、区域制度和区域 FDI 三者之间的关系，研究结论表明，BITs 与区域制度存在显著替代效应，签订 BITs 有助于推动 FDI 流入制度环境较差的区域，发挥 FDI 经济带动效应，缩小区域间发展差异，从而促进东道国经济均衡发展。

2.2　BITs 影响 FDI 的机制

2.2.1　承诺效应

承诺效应是指东道国通过与资本输出国签订 BITs 向外商投资者提供保护并鼓励其在东道国投资的一种制度保障，以此促进签约国间的 FDI 流动

（Hallward-Driemeier，2003）。BITs 通常包括一系列投资保护与管理的议题，不同 BITs 的内容、条款设计也存在较大差异，一般首先是对投资的界定，其次是外资国民待遇、最惠国待遇的应用，以及对东道国法律透明度的要求、对外资企业业绩、高管及技术人员自由流动及国籍要求。当海外投资者与东道国产生投资争议时，东道国能否履行承诺义务也是 BITs 中的重要内容。东道国的制度、法律环境改革与海外投资者的投资经营利益密切相关，海外投资者尤其关注政治风险较高、腐败严重的东道国相关制度改革的执行力度。BITs 中的争端解决机制条款将发生纠纷后的解决措施制度化，消除了海外投资者的担忧。因此，BITs 作为一种替代东道国恶劣制度环境的承诺机制，使海外投资者确信在东道国的投资、经营利益将得到保障（Berger et al.，2010；Poulsen，2010；Kollamparambil，2016）。

2.2.2 信号效应

信号效应是指两国间签订的 BITs 会向第三国明确表明东道国将保护海外投资者权益的决心（Kerner，2009）。因此，签订 BITs 不仅能够吸引伙伴国的 FDI 流入，还能促进第三国的 FDI 流入。通过签订、修订 BITs，东道国承诺保护 BITs 伙伴国的投资、经营利益并给予内外资企业一致的公平待遇。不仅如此，即使尚未与东道国签订 BITs，海外投资者将东道国已经达成的 BITs 数量视为东道国向全球发出吸引 FDI 流入并保障海外投资、经营权益的信号。这种信号效应能够弥补东道国因制度缺陷而造成的信誉下降，消除了潜在海外投资者对东道国能否积极改善信息不对称状况的担忧。东道国已达成的 BITs 数量越多，信号效应越强。但也有一些学者的研究表明 BITs 的信号效应并不存在，却未能深入分析其原因。埃尔金斯和古滋曼（Elkins and Guzman，2006）构建了一个竞争模型来阐述东道国吸引 FDI 流入的动因：为了得到潜在海外投资者的信任并从与其他东道国的竞争中脱颖而出，每个潜在东道国的理性选择是签订 BITs。

2.2.3 BITs 与东道国制度环境对 FDI、OFDI 的交互影响

签订 BITs 能否促进签约国间的双边投资还要取决于 BITs 与签约东道国的政治、经济制度环境的交互作用（Nguyen et al.，2014；Tobin and Rose-ackerman，2011；张中元，2013；Oh and Fratianni，2010；Rosendorff and Shin，2014）。宗芳宇等（2012）利用中国企业 OFDI 数据实证检验了东道

国制度环境对中国企业 OFDI 区位布局选择的影响。研究结果显示：BITs 能够弥补东道国制度不完善对来自中国的 OFDI 吸引力不足的缺陷，促进我国企业进入制度环境较差的国家的作用更加显著。邓新明等（2015）采用门限回归模型对东道国制度环境、BITs 对中国 OFDI 的交互作用进行了实证检验，研究结果表明，BITs 对中国企业 OFDI 存在"阈值效应"，即 BITs 对中国企业 OFDI 的作用因东道国制度质量差异而不同，BITs 对我国向制度环境较差的东道国投资的促进作用更为显著。

张中元（2013）基于面板门限回归模型，分别以东道国人均 GDP、东道国来自中国的 OFDI 存量作为门槛变量，结合 2007～2011 年中国对 155 个东道国的 OFDI 存量面板数据，考察东道国制度质量和 BITs 的交互作用对中国 OFDI 的影响。研究结果表明：首先，东道国制度质量、BITs 对中国 OFDI 的促进作用存在显著的区域差异；其次，签订 BITs 能否吸引中国 OFDI 流入东道国还取决于东道国市场规模等特点。

李平等（2014）从东道国与母国间相对制度差异（制度距离）的视角，考察了 BITs 对中国 OFDI 的影响，他们基于门限值模型并结合 2003～2012 年中国对 54 个东道国的 OFDI 面板数据，对理论假设进行实证检验。实证分析结果表明：首先，签订 BITs 通过明确规定海外企业在东道国投资的条件和双方的权利义务，缓解了因制度距离引致的投资障碍对中国 OFDI 流出的负面影响；其次，签订 BITs 对中国 OFDI 的作用存在国家差异，与发达国家签订 BITs 直接促进了中国 OFDI，与发展中国家签订 BITs 既直接促进了中国 OFDI，又通过降低制度距离带来的额外成本和风险间接促进了中国 OFDI；最后，界定了中国签订 BITs 的最优制度距离区间。

韩永辉、王贤彬（2021）考察了 BITs 对我国企业 OFDI 促进作用的东道国差异。研究结果表明，BITs 对我国企业向亚洲和非洲区域东道国 OFDI 促进效果明显，表明经济文化距离、政治关联强化了 BITs 对 FDI 的促进作用。签订 BITs 不仅为海外投资在东道国的经营提供利益保障，还有助于改善东道国制度质量和营商环境（Ullah and Inaba，2014；Tobin and Roseackerman，2011；Hallward-Driemeier，2003；Kerner，2009）。

签订 BITs 是东道国改善国内制度环境的"捷径"，在一定程度上，发展中国家东道国通过达成 BITs 来降低因国内制度、营商环境不完善对海外投资者吸引力下降的风险（Baker，2014）。但是，这条"捷径"也有可能会降低东道国改善制度环境的动力，因此东道国政府要考虑 BITs 签约伙伴国的选择、BITs 条款设计的影响差异（Shoaf，2013）。

2.3　BITs 质量对 FDI 影响的差异

同时期大多数 BITs 框架基本一致，但 FDI 权益保障的诉求因其类型、行业特征不同而存在差异，因此对 BITs 质量的要求也不尽相同（刘晶，2017；Sirr et al.，2017）。学者们通过对各国 BITs 条款内容的对比分析、中外 BITs 的时间演变和主要特点（Chaisse，2016；梁岿然，2016；韩冰，2014），得出反映中国吸引 FDI 和促进 OFDI 新特点的 BITs 的发展路径（崔凡，2013；梁开银，2016）。关于 BITs 对 FDI 影响的方向和程度，学界进行了广泛的研究，但大多数实证研究文献将不同类型国家在不同时段、基于不同内容和条款设计签订或修订的 BITs 视为无差别，通过在引力模型中包含一个 BITs 虚拟解释变量的"黑箱技术"来评估 BITs 对 FDI 或 OFDI 的影响，即不考虑 BITs 质量（BITs 新内容，反映谈判、签署 BITs 新趋势的条款设计）对 FDI 自由化和保护程度的差异，这显然是不合理的。近年来，BITs 对 FDI 市场的引导效应，除能引起对两国间经济水平、制度环境和市场规模等因素的相互调节效应之外，最主要的还会受到 BITs 条款设计及内容差异的影响，BITs 质量作为促进 FDI/OFDI 的一个重要方面开始成为国际直接投资领域研究的热点。国内外学者开始认识到忽略 BITs 质量对 FDI/OFDI 的影响是上述研究并未达成明确、一致结论的原因之一，并从 BITs 质量的视角，考察了 BITs 对 FDI/OFDI 的影响。一般性的跨国回归分析掩盖了 BITs 质量对 FDI/OFDI 影响效果的差异，是现有关于 BITs 对东道国吸引 FDI/OFDI 效果研究结论不明确的原因之一（董有德和赵星星，2014）。该方面的研究主要包括 BITs 质量的测度，负面清单、投资者—国家仲裁机制等 BITs 条款设计的新趋势对 FDI 影响的程度和方向。

2.3.1　BITs 质量测度

20 世纪 90 年代，学者关注到了不同国家对签署的协定在内容和深度上存在差异，开始了 BITs 条款和内容差异的研究（Berger et al.，2011）。奥里菲斯和罗莎（Orefice and Rocha，2014）构建深度一体化指数，采用对主成分分析法 96 份 RTAs 进行深度一体化指数测算并评价，发现 RTA 深度一体化效应随时间增强。杜尔等（Dur et al.，2014）选择了十个广泛合作的经济政策领域，通过在这些领域对 1945～2009 年的 587 项具体的区域贸易协定条款进行打分和分析，构建了 DESTA 数据库。辛格尔（Shingal，2016）则在研究中采用 DESTA 数据库中对区域贸易协定的分析，通过对其中有关服务贸易的条款的打分值实行横向加总，建立了有关评价服务贸易深度化指标体系，为今后进一步研究深度的经济效果提供了基础。

上述 RTA 条款深度的研究表明，RTAs 对签约国的经济影响程度因条款深度差异而不同，为 BITs 质量的研究提供了方法借鉴。不同特征国家之间签订的 BITs 是根据两国的实际情况"量身定制（tailored）"的，具有很大的差异性。而之前大部分的研究都聚焦于不同签约国特征差异，忽略了不同 BITs 内部各条款设计和内容间的差异。亚基（Yackee，2008）较早地意识到不同的 BITs 中的争议解决机制条款存在差异，并把具有合理的事前磋商制度以及允许投资者提起仲裁的 BITs 定义为"强"BITs，其余为"弱"BITs。随后，肯纳（Kerner，2009）发现，近期签署的 BITs 比早期签署的 BITs 在处理突发性事件时更加高效，同时近期的条款中包含了早期条款没有涵盖的投资争议解决相关内容。BITs 质量的差异体现在关于投资的定义、准入前国民待遇、公平与公正待遇、投资者与东道国争端解决机制、投资协定中有关当地含量、国民待遇、最惠国待遇、知识产权保护、社会责任、劳工标准、公共利益保护和环境保护、转移条款、透明度规则、一般例外规则等方面的深度差异（Hallward-Driemeier，2003；Busse et al.，2010；Bekker and Ogawa，2013；杨宏恩等，2016；邓婷婷和张美玉，2016；Nguyen et al.，2014；Hajzler and Rosborough，2016；Falvey and Foster-McGregor，2017；Facundo and Aznar，2017；林梦瑶和张中元，2019），投资范围和深度随着 BITs 条款的严格程度而平稳增加。

BITs 能否降低资本输出国海外投资风险，有效保护资本输出国在东道国的投资权益，取决于 BITs 条款设计的针对性和严格性。近年来，BITs 条约内容上的系统差异以及这些差异的原因是 BITs 作为在投资者保护目标和监管目标之间实现平衡的手段（Gaukrodger，2017；Hindelang and Krajewski，2016）。孙南和申彭岳（2011）认为，中美 BITs 谈判中面临的"不排除措施条款"（non-precluded measures provisions，NPM 条款）问题涉及中美双方在国家利益例外及投资风险承担方面的政策差异，结合中国 OFDI 风险防范与安全保障的角度，从 NPM 的功能和结构、条款解释、审查标准等方面分析如何通过 NPM 条款设计平衡国家利益和投资者利益。威廉姆斯等（Williams et al.，2017）运用2004～2013 年荷兰跨国公司在 34 个国家进行的 289 项外商投资的样本数据研究 BITs 对企业投资策略的影响效应，研究发现，深度 BITs 将会提高跨国公司在政治动荡东道国的投资。

发展中国家与发达国家签订包含较高质量的投资争端解决条款的 BITs 能够产生吸引 FDI 流入的示范效应（Salacuse and Sullivan，2005；Dixon and Haslam，2016；Frenkel and Walter，2019）。凯西和贝拉克（Chaisse and Bellak，2011）梳理了40 篇研究 BITs 影响 FDI 的实证文献，归纳并阐述了负面清单、投资者—国家仲裁机制、征用等 11 项条款设计的新趋势，并以此为基础构建 BITs 质量评价体系的框架，但未进行进一步的定量测度。阮等（Nguyen et al.，2014）认为 BITs 只有定义条款、准入条款和国民待遇条款对国际投资具有显著促进作用，其他条款的影响作用不显著。德斯博尔德斯（Desbordes，2017）则认为 BITs 中投资者—东道国争端解决机制是唯一重要的条款。随着全球对 FDI 权益保障从防范"征收、征用"风险到 FDI 各个阶段，特别是准入前阶段的全面自由化，除投资争端解决条款，准入前国民待遇、广泛的公平待遇原则和业绩要求等条款也是高质量 BITs 的必要条款。BITs 对 FDI 的促进作用取决于是否包含上述条款，及其严格性和可操作性（Chaisse and Bellak，2011；杨宏恩等，2016；刘晶，2020）。

2.3.2 BITs 中负面清单条款设计新趋势与 FDI

"准入前国民待遇＋负面清单管理模式"逐步成为 IIAs 中越来越被重视与接受的条款设计范本。截至 2015 年底，全球在 BITs 中采用这种模式的国家或地区已达到 77 个（盛斌和纪然，2015）。国内学者大多对美国负面清单条款设计的新趋势进行整体分析和评价（梁峃然，2016；韩冰，2013；聂平香和戴丽华，2014），总结了 BITs "欧洲模式"和"北美模式"中实施负面清单（高维和等，2015；盛斌和纪然，2015；沈铭辉，2014；聂平香和戴丽华，2014；樊正兰和张宝明，2014；李墨丝和沈玉良，2015；崔凡，2013），以及菲律宾、印度、越南等发展中国家向负面清单管理模式转型（王中美，2014）的相关国际经验，针对我国构建市场准入负面清单管理体制的路径选择，提出了准入前国民待遇的投资自由化谈判方式并以此推动渐进的投资自由化的相应中国策略（盛斌和纪然，2015；郭冠男和李晓琳，2015；陆建明等，2015；韩冰，2014；李森和邓兴华，2018）。

索旺和陈（Sauvant and Chen，2013）基于美国视角研究发现：中国签订的 BITs 越来越倾向于保护投资者的利益，而美国签订的 BITs 则更尊重东道国的利益，两国投资条款的政策目标正在趋同，中美 BITs 的达成将为全球投资协定提供新一代的高质量范本，促进中国营商环境改善，有利于提高中国对美国企业的市场准入程度，保护美国在华企业的知识产权。杨荣珍和高天昊（2016）考察了美国、韩国和墨西哥三国在 BITs、FTA 中的负面清单实践，并与中国自由贸易试验区的负面清单制度进行对比。研究发现：各国的负面清单重点列入了基础产业和本国竞争力相对较弱的产业。在具体条款方面非常详尽，既包含了正面义务，也包含了不符措施描述等内容。上述研究对中国负面清单的完善具有重要借鉴意义，但大多聚焦于对美国、欧洲国家负面清单的整体特征进行分析和评价，未对 BITs 中负面清单的具体项目进行分析。陆建明等（2015）对美国已签署的 47 个 BITs 中的负面清单进行了全面梳理，根据美国签约伙伴国负面清单的项目与美方的差异程度进行分类对比，在此基础上从行业和国别维度对签约双方负面清单的对称性进行整体评价。对美国 BITs 签约双方的负面清单具体的项目进行了深入分析和比较，但并未进一步对负面清单具体项目及其对 FDI 的相关影响进行定量分析。

2.3.3　BITs 中投资者—国家仲裁机制条款设计新趋势与 FDI

"征收、征用"风险是早期跨国公司海外投资经营面临的主要不确定风险（Falvey and Foster-McGregor，2015）。因此，学者们认为投资争端解决条款最能体现 BITs 质量差异（Aisbett et al.，2018）。在某种程度上，争端解决条款可能比东道国在 BITs 中赋予外商投资者的实体性保护标准更重要。投资者—东道国仲裁条款允许投资者就其投资独立地向国际仲裁庭直接对东道国提出仲裁请求。投资者—东道国争端解决机制本质上就是一项保护外国投资者利益和提升东道国法治水平的工具。近年来，外商投资者与东道国之间的争端仲裁案例呈逐年上升趋势。截至 2022 年 3 月，投资者—国家争端仲裁案例总计达到 1190 起，涉及 107 个国家。[①] 2021 年新增投资者—国家间争端仲裁案例达到 68 起。[②] 在此背景下，投资者—国家仲裁机制受到了国内外学者的广泛关注。国内学者从法学视角对欧式和美式协定中投资者—国

---

①② https：//investmentpolicy. unctad. org/investment-dispute-settlement.

家仲裁机制的争端解决方式、上诉机制、透明度、缔约方对条约的解释等条款设计的新内容和新趋势进行了阐述（池漫郊，2012；黄世席，2015；黄世席，2016；赵海乐，2016）。

肯纳（Kerner，2009）指出，自 1985 年以来，全球新增 BITs 均涵盖投资争端解决机制条款，同期全球 FDI 流入增长与 BITs 增长呈现出较强的一致性。因此，忽视 BITs 的差异性，只考虑 BITs 对 FDI 的平均影响效果并不能为东道国决策者提供有效的政策借鉴。凯西和贝拉克（Chaisse and Bellak，2015）提出，不同于贸易争端，投资争端主体更多的是国家与投资者。BITs 的"意大利面条碗"效应导致对 BITs 条款解释的复杂化，每个 BITs 可以使用其最惠国待遇条款从其他 BITs 引入"更好"的条款。未来新签订的 BITs 应明确界定最惠国待遇的范围，以限制最惠国待遇规则的"流动性"。

艾利和佩因哈特（Allee and Peinhardt，2011）研究发现，东道国违反国际投资条约承诺引发投资争端，不论该争端是否判决都将导致 FDI 流入下降，如果东道国败诉将进一步抑制 FDI 流入。在此基础上，艾斯贝特等（Aisbett et al.，2018）的研究发现，东道国发生投资争端之前 BITs 对 FDI 具有积极影响，发生争端后签订 BITs 的国家比非缔约国 FDI 流入下降更快。布拉达等（Brada et al.，2021）采用事件研究法，研究 BITs 中投资争端仲裁制度是否对外商投资者提供有效保护，研究结果表明，对跨国公司有利的仲裁裁决提高了股票市场预期，企业市场价值显著增加。BITs 的争端解决机制可以在一定程度上降低发达国家跨国公司在东道国的投资风险。但国际投资争端解决中心（International Centre for Settlement of Investment Disputes，ICSID）解决投资争议的仲裁效力受到成员国对仲裁决定执行力、ICSID 冗长程序、赔偿金额计算难度等问题的制约（Aisbett et al.，2018），削弱了签订 BITs 的投资促进效应。

企业海外投资区位选择的决策更多受到 BITs 质量而非签订 BITs 数量的影响。包含明确、严格的争端解决、投资保护条款设计的 BITs 对 FDI 的促进作用更明显（Berge et al.，2013；Zeng and Lu，2017；Kox and Rojas-Romagosa，2020；Eichler and Nauerth，2021）。新制度经济学提倡通过契约中的条款设计提高违约惩罚代价来降低违约风险。BITs 中争端解决机制作为一种重要的信用承诺机制（Berger et al.，2010），界定了对直接、间接"征用"的禁止性要求，以及对投资者与东道国、东道国与资本输出国间争端解决机制等制度安排，增加了双方违约的成本。首先，签约国若违反

BITs 中的投资自由化保护条款，将向其他第三国发出东道国信用违约风险较高的信号；其次，若东道国出现多次违背 BITs 制度安排的行为，国际信用评级机构会降低其国家信用等级；最后，海外投资者在东道国一旦遭遇不公正待遇并遭受经营损失，将通过投资者—东道国投资争端解决机制（Investor-State Dispute Settlement，ISDS）向东道国要求巨额赔偿，上述机制将有效约束东道国的违约行为。因此，包含较强的投资争端解决条款的 BITs 对 FDI 的吸引效果更强（Myburgh and Paniagua，2016；Williams et al.，2017；Aisbett et al.，2018）。但这种约束机制（tying hands）的局限性在于只能对来自 BITs 签约国的 FDI 进行保护，未签订 BITs 的海外投资者在东道国的投资同样面临被直接或间接"征用"的风险，却因未触发上述机制，无法获得保护。

不同 BITs 中争端解决机制条款设计也存在差异，雅基（Yackee，2009）按争端解决机制条款是否包含有效的事前协商机制、投资者是否可以就与东道国广泛的投资纠纷提起仲裁为标准，将 BITs 分为"强"和"弱"两类。但在随后的实证检验中并未发现"强"BITs 有效促进了发展中国家 FDI 流入。伯格尔等（Bergeret al.，2013）的研究表明，涵盖争端解决机制条款的 BITs 显著促进了东道国 FDI 流入。BITs 中投资者—东道国争端解决机制条款起到了信誉承诺保障机制的作用（credible commitment device），通过赋予投资者直接起诉东道国政府的权利，使投资者权益得到保障。因此，BITs 能否降低海外投资风险、促进跨国公司海外投资决策、提升海外投资福利，取决于其中是否包含高质量的投资争端解决机制条款设计（Berger et al.，2013；Paniagua and Myburgh，2011；Frenkel and Walter，2019；Kohler and Stähler，2019；Ossa et al.，2020；Schjelderup and Stähler，2021；Eichler et al.，2021）。

弗伦克尔和沃尔特（Frenkel and Walter，2019）构建国际争端解决条款的强度指数测度 BITs 深度，并检验了 BITs 深度 FDI 活动的影响。证实了包含更强有力国际争端解决条款的 BITs 能够显著促进东道国 FDI 流入规模。米哈斯等（Minhas et al.，2018）的研究表明，违反投资协定对投资流量的影响作用有限，投资争端声誉后果取决于制度设计和信息流动，只有在2006 年国际仲裁规则改变和宣传力度加大之后，投资仲裁的信息获取成本下降，其声誉效应才发挥作用。

2.3.4　BITs 其他条款设计新趋势与 FDI

BITs 通过事前协商、对东道国直接和间接"征收、征用"行为的限制、国际仲裁等争端解决机制等条款设计限制了东道国对海外投资者采取歧视性政策、措施的能力，同时 BITs 对跨国公司海外投资、经营的保障程度还取决于东道国及资本输出国特征、跨国企业所处行业特征和企业特性（Colen et al.，2014）。瓦什奇尔科（Vashchilko，2012）以 BITs"征收、征用"条款对企业海外投资面临的"征用"风险的防范程度为标准，对 1984 ~ 2007 年生效的 BITs"征收、征用"条款设计进行量化打分评价，并进行实证检验。研究结果表明，东道国"征收、征用"风险越高，高质量 BITs 条款设计对海外投资的吸引作用越明显。卢科亚诺娃（Lukoianova，2013）指出，BITs 质量对投资自由化的保护程度还会受到东道国及资本输出国特征的影响。东道国海外投资"征收、征用"风险越高，BITs 质量对资本输出国海外投资保障的边际效用越大。哈伊兹莱尔（Hajzler，2014）指出，BITs 中投资争端解决机制条款设计对 FDI 的影响存在行业差异性：固定成本越高、所需技术诀窍越多、企业所有权政治敏锐性越高的行业在东道国面临的直接、间接"征收、征用"风险越大，因此签订高质量的 BITs 对吸引此类 FDI 的促进效果更明显。但此类行业 FDI 对发展中国家东道国经济增长溢出作用并不明显。肯纳和劳伦斯（Kerner and Lawrence，2014）认为海外投资中固定投资比重越大，海外投资面临的政治风险越大。而实证研究中的 FDI 流量、存量统计均是企业海外投资中的流动资本，因此，检验 BITs 作为一种制度工具能否抵消政治风险对 FDI 的负面影响，应关注固定资产投资。基于美国数据对上述理论进行的实证检验表明，签订 BITs 有效促进了美国跨国企业海外固定投资，但对美国跨国企业其他投资、经营活动没有显著影响。

詹德雅拉和韦纳（Jandhyala and Weiner，2014）从交易价值，即跨国企业购买石油储备价格的视角，基于资产评估模型，结合跨国企业在 45 个东道国石油储备的一手交易数据，检验高质量的 BITs 是否降低了跨国企业在东道国的投资经营风险。研究结果表明，高质量的 BITs 使跨国企业在东道国的资产交易增值，企业资产交易增值程度与企业金融资源充裕度、对企业的实际控制权成正比。能源、资源、基础设施建设等行业跨国企业为保障巨额的先期固定投资，要求潜在东道国为海外投资企业提供完善、健全的财产权保护制度。上述行业跨国企业一旦投入巨额先期固定投资，形成沉没成本，议价优势便由跨国企业转移到东道国政府，一旦跨国企业的先期议价优势消失，东道国政府就会产生重新谈判来获取更多利益的动机，比如，单方变更税收政策及措施、变更合同条款等间接"征收、征用"行为。因此，完善、健全的财产权保护制度环境对能源等行业海外投资尤为重要。如果东道国制度环境腐败、低效率，以及对海外投资者的歧视倾向，那么高质量的BITs 成为替代东道国制度环境保护海外投资权益的有效机制。平托等（Pinto et al.，2010）采用复杂网络形成、演化过程来模拟国家间签订 BITs 的博弈过程，他们采用蒙特卡洛模型模拟美国跨国企业在东道国投资、经营所面临的真实风险，并进行实证检验。实证检验结果表明，BITs 数量对美国企业在东道国的投资收益并不存在促进作用，根据美国海外投资面临的真实风险修订现存 BITs 内容，有助于改善东道国投资环境，降低海外投资风险。海外投资者在东道国投资、经营风险的降低表明 BITs 存在暂时的投资配置效应，但随着全球签订 BITs 数量趋于饱和，BITs 对全球 FDI 的重置效应并不会持久。该模型及其实证检验的结果解释了为何现有关于 BITs 对 FDI 影响方向、程度的研究结论不一致。林梦瑶和张中元（2019）对区域贸易协定中纳入的专门竞争政策规定进行分类统计，构建区域贸易协定竞争政策"水平深度"指数，实证检验竞争政策条款水平深度对 OECD 成员国 OFDI 的影响。

2.4 文 献 述 评

现有文献基于不同的样本、方法和视角，检验了 BITs 对 FDI 影响的方向和程度，并没有得出一致的结论。本章分别从资本输出国与东道国间达成的 BITs 数量对 FDI 的影响、BITs 影响 FDI 的机制、BITs 质量测度及其对 FDI 影响的差异三个角度，对国内外的相关文献进行系统的梳理和分析，发现现有研究主要存在三个局限性。一是大多数文献将不同类型国家在不同时段、基于不同内容和条款设计签订或修订的 BITs 视为无差别的虚拟变量，即不考虑 BITs 质量对 FDI 自由化和保护程度的差异，这应该是现有文献无法得出统一结论的重要原因。二是 BITs 质量及其对 FDI 影响的定量评价过于简单。已有大多数文献仅是对美国负面清单的整体特征进行分析和评价，有些文献对美国 BITs 签约双方的负面清单、投资者—国家仲裁机制条款具体的项目进行了深入分析和比较，但并未进一步对条款项目及其对 FDI 的相关影响进行详细的定量分析。即使考虑 BITs 质量的定量研究也仅是对条款项目简单地赋值并加总平均。三是分歧很可能来自已有研究成果，并未充分考虑企业进行海外直接投资行为的差异，仅把分析的视野聚焦在一元规模分析，而并没有进行对二元边际的结构性探讨。实际上 BITs 不但影响了我国公司在境外投资的规模（即集约边际），还将影响中国企业海外投资的范围（即扩展边际）。进一步来看，协定条款既可以推动某一东道国企业引入新的国内公司，也可能促使原有公司投入新的国际业务，而所有这些情况都体现为资本区域的扩展，传统投资—元规模分析则无法考虑。因此，在未对企业投资行为进行严格分类的情况下，研究对外投资很可能得到不同的结果。现有 BITs 实践与母国 OFDI 的研究多集中于一元规模分析，鲜有文献展开二元边际的结构性讨论。现有文献对于影响我国 OFDI 二元边际的因素研究逐渐增加，但是仍未有学者研究 BITs 条款深度对投资的扩展边际和集约边际增长的影响。两国之间通过签订深层次并且具有法律约束力的投资条约可以有效降低企业投资的成本和不确定性，进而提高海外投资的利润率，促进企业投资的规模和范围。

签订 BITs、签订 BITs 的质量对一国 OFDI 影响的研究存在分歧，很可能源于已有经验研究仅从一元规模角度分析 BITs 质量与中国 OFDI 选择，未能充分考虑企业 OFDI 的二元结构特征可能会错失很多重要的结论，且无法将相关问题深化与细化。与国际贸易相比，OFDI 面临的风险与不确定性更高，但一元规模分析仅能判断某因素是否促进了中国 OFDI 规模的扩大，却无法判定该因素驱动的增长是否具有稳健性，而使用二元边际分析则可以有效解决上述问题。一方面，如果 BITs 质量对 OFDI 增长促进效应主要源于集约边际，则表明 BITs 质量改善主要通过既有企业再投资促进 OFDI 增长，间接反映了中国企业 OFDI 区位分布集中，一旦遭遇来自该区域的外部冲击，导致 OFDI 增长大幅波动的风险较高；另一方面，如果中国 OFDI 的增长主要源于扩展边际，则表明企业 OFDI 区位和行业部分比较分散，抵御外部风险对 OFDI 增长冲击的能力较强，OFDI 增长稳健。因此，要详细解读 BITs 质量与中国企业对外投资规模与范围的双重关系，为中国企业"走出去"规避投资风险、优化投资结构和提升投资成效提供新的发展方案与政策建议。

最后，现有文献研究评估了 BITs 对 FDI 总流量的影响，关于 FDI 类型

（比如垂直型 FDI、水平型 FDI）对 BITs 影响 FDI 规模调节作用的研究比较匮乏。已有研究聚焦于对 BITs 的签署或质量对中国 OFDI 总流量或者总存量的影响，忽略了区分 OFDI 的结构性特征和行业分布等二元结构差异。而 BITs 影响中国企业 OFDI 决策与行为的关键机制表明其有效性取决于海外投资行业成本构成、对风险抵御能力等方面的异质性，即 BITs 在促进企业 OFDI 规模、绩效等方面的程度因投资行业的类型而异。因此，可以预期 BITs 对于受"征收"风险影响较大的行业的 FDI、OFDI 是最有效的，而对于沉没成本低、对制度风险不敏感的行业的影响是不显著的。因此，在研究中忽视 FDI、OFDI 的结构差异，对其规模、经营绩效的一元分析的研究结论可能存在偏误。这也是现有关于 BITs 对 FDI、OFDI 影响的研究未形成一致结论的原因之一。

　　基于此，BITs 质量对 FDI 影响的研究可在如下方面进行深化与完善。第一，从研究视角看，已有文献的研究只考虑到 BITs 的数量、条款完善程度对企业海外直接投资风险的作用，缺乏系统深入地分析 BITs 数量、类型、广度、签订时间、修订时间和质量等对企业海外直接投资行为的多维影响。第二，有关 BITs 质量测度的研究有待完善。首先，没有本国 BITs 与 2012 年美式范本条款设计差距的定量评价；其次，针对 BITs 具体条款内容的定量分析及其对 FDI 影响程度的深入研究还相对缺乏。第三，关于不同时期修订的具有不同内容侧重点的 BITs 促进和保护 FDI 的相关研究较为缺乏。第四，缺乏关于 BITs、BITs 质量对 OFDI 结构的影响研究。第五，缺乏关于 BITs 签订伙伴国的选择次序和机制的研究。

第3章 BITs 关键条款设计
及新发展趋势和特点

  BITs 的内容一般涉及投资的范围、投资的准入、投资的待遇、征收以及投资的争议解决等领域。根据投资规则的主要内容可以以将国际投资规则分为两代。第一代主要是以欧式 BITs 为代表的投资规则，主要保护跨国公司等投资者的利益，又称投资保护协定，对投资实施的是"准入后国民待遇"，主要关注发达国家和发展中国家最关心的利益诉求问题。第二代是以欧式和美式为代表的投资规则，以德国范本和美国范本为典型代表。美式范本的条款设计最初起源于德国范本，但随着北美自由贸易区经济一体化水平提高，投资自由化受到重视，美式范本越来越受到关注，成为新兴市场国家投资自由化改革的风向标。美国于 2012 年发布了最新的双边投资协定范本，将美式协定与 FTA 投资规则协调起来，包含了促进投资自由化、平衡东道国和投资者双方利益、促进投资条约的法典化等新时代投资原则和理念。第二代主要涉及扩展的知识产权、竞争中立、投资、环保、劳工、消费者保护、资本流动，以及对外商投资者进行必要的规制和促进可持续发展的内容，以 2012 年修订的美式范本为代表的第二代国际投资治理新趋势对多边、区域、双边国际直接投资治理实践产生重要和深远的影响。近年来，各国签署谈判的国际直接投资规则也越来越关注第二代的相关议题，如美欧多年来积极推进的《跨大西洋贸易与投资伙伴协议》（Transatlantic Trade and Investment Partnership，TTIP），减少监管差异是其主要焦点之一。加拿大—秘鲁于 2008 年签订的 FTA 中也将多边环境协定和国际投资规则的一致性作为谈判的重点之一。

3.1　全球 BITs 条款内容范式分析

尽管 BITs 其重要性有下降趋势，但在全球投资保护体系中仍占主要地位。如图 3-1、图 3-2 所示，截至 2022 年 4 月，国际直接投资体系中生效

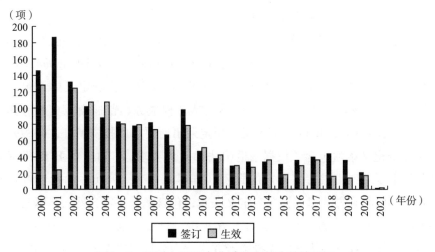

图 3-1　2000~2021 年全球签订与生效的 BITs

资料来源：https：//investmentpolicy. unctad. org/international-investment-agreements/advanced-search.

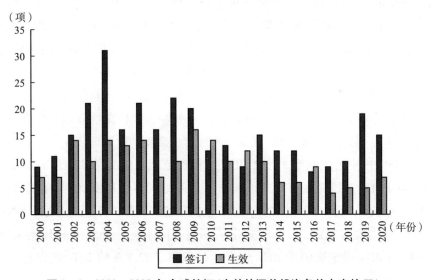

图 3-2　2000~2020 年全球签订/生效的涵盖投资条款内容的 IIAs

资料来源：https：//investmentpolicy. unctad. org/international-investment-agreements/advanced-search.

的 BITs 近 2227 项（签订的有近 2794 个），含有投资条款的其他协定（Treaties with Investment Provisions，TIPs）近 333 项（签订的有近 425 项）。①1.13% 的 BITs 在序言中涉及监管自主权、政策空间、引入新监管的灵活性等监管权相关议题；2.91% 的 BITs 在序言中涉及可持续发展内容；8.62% 的 BITs 在序言中涉及劳工标准、卫生安全、跨国公司社会责任和减少贫困等社会投资方面相关议题；5.56% 在序言中涉及动植物保护、生物多样性、气候变化等生态环境保护方面相关议题。

在投资范围与定义条款中，97% 的 BITs 采用基于财产的定义（asset-based definition）方式，基于企业的定义（enterprise-based definition）方式，1.94% 没有定义。投资定义限制方面，1.01% 的 BITs 投资定义中不包括证券投资，5.28% 的 BITs 投资定义中不包括主权债务、普通商业交易等其他特定资产，3.3% 的 BITs 投资定义中规定列出所要求的投资特征，63.9% 的 BITs 投资定义条款包含"根据东道国法律"的要求，1.71% 的 BITs 投资定义条款中要求列出被覆盖资产的封闭（详尽）列表。96.6% 的投资者定义条款中，以明确方式涵盖投资者定义条款，包含涵盖特定自然人与涵盖特定法人两类，其中，涵盖特定自然人方式中，11.5% 以包括永久居民方式，4.93% 以排除双重国籍自然人投资者方式；涵盖特定法人方式中，16% 要求投资法人具有实质性业务活动，10.6% 要求定义法律实体的所有权和控制权。利益拒绝条款方面（denial of benefits，DoB），8.6% 的 BITs 投资范围和定义条款下包含利益拒绝条款，利益拒绝条款的内容包括"实质性业务运营"标准、适用于来自没有外交关系或受到经济/贸易限制的国家的投资者、任意性（"当事人可以否认"）或强制性（"应否认利益"）三种方式，其中，"实质性业务运营"标准占比为 6.64%，适用于来自没有外交关系或受到经济/贸易限制的国家的投资者占比为 4.04%，任意性或强制性方式占比为 11.6%（具体包括 6.8% 规定单方面自由裁定，0.78% 规定共同自由裁定，0.35% 规定为强制型，其余 BITs 的投资范围与定义条款中没有规定）。1.83% 的 BITs 投资范围与定义条款中涵盖条约实体性范围规定，以限制条约的实质范围，其中 10.6% 的 BITs 不包括征税，3.57% 不包含补贴、津贴，3.3% 不包含政府采购，8.16% 规定了不包含除上述三种以外的其他项目。5.56% 的 BITs 规定适用于 BITs 签署后的投资，82.8% 的 BITs 规定适用于

---

① https：//investmentpolicy. unctad. org/international-investment-agreements.

BITs 签署前后的投资，10.37% 的 BITs 未做规定，44.1% 的 BITs 排除对签订 BITs 之前存在的投资争端的管辖权，其余未做明确规定。

实体条款中，国民待遇条款包含准入后国民待遇、准入前 + 准入后、仅限准入前国民待遇，其中全球 78.4% 的 BITs 实践采用准入后国民待遇，6.53% 采用准入前 + 准入后，0.39% 未做明确规定；13.1% 的 BITs 规定参照 "相似/类似的情况"。全球已签订 BITs 中 98.6% 包含最惠待遇条款，其中 90.8% 采用准入后最惠待遇，2.8% 的已签订 BITs 列出了经济一体化协定、税收条约、ISDS 机制程序性议题三种免除最惠待遇义务的例外情况。全球已签订 BITs 中 88.9% 涵盖公平公正待遇条款，其中 73.2% 采用未附加任何条件的公平公正待遇，15.6% 采用参照国际法相关原则、参照国际惯例法、最低标准待遇等附加限定条件的公平公正待遇，3.3% 采用列出公平公正待遇详尽或指示性列表的方式，24% 未列出明确条款。84.1% 的 BITs 中包含充分保护和安全标准条款，其中 76.7% 规定标准，7.42% 规定参照缔约双方国内法相关规定。66.6% 的 BITs 中涵盖禁止不合理、任意或歧视性措施条款。97% 的征收征用条款所涵盖措施的范围中明确涉及间接征收征用，2.87% 未提及间接征收征用。完善的征用条款中，5.98% 对间接征收征用进行明确界定，3.92% 排除一般监管措施，3.57% 表明与世界贸易组织（World Trade Organization，WTO）强制许可一致。14.45% 相对补偿权条款［relative right to compensation（comparator）］仅适用最惠国待遇，76% 采用最惠国待遇、国民待遇均适用的原则，2.06% 仅适用国民待遇，33.3% 征收条款规定在特定情况下投资者获得绝对赔偿的权利。99.5% 的 BITs 中包含资金转移条款，13.9% 的 BITs 将东道国国际收支异常视为资金转移义务免除的例外情况，14.3% 的 BITs 将保护债权人等其他具体例外情况视为资金转移义务免除的例外。

全球签订的 BITs 几乎都涵盖了禁止业绩要求（PRs），其中 8.35% 单独设立了明确的业绩要求条款，91.5% 没有明确的业绩要求条款单独列示，0.51% 的条款列明参照 TRIM 标准，6.1% 的条款中列明禁止业绩要求的具体情况。43% 的全球 BITs 实践中涵盖了保护伞条款，40.2% 涵盖依据东道国国内法律规定的人员入境与停留相关条款，7.54% BITs 包括对跨国公高级管理人才国籍要求条款。

全球已签订的 BITs 中 16.9% 设置了透明度条款，其中，14.1% 是针对签约国公布法律法规的透明度要求，2.72% 是针对外商投资企业的透明度要求。全球已签订的 BITs 中，12.3% 涉及健康与环境的内容，4.35% 涉及劳工标准内容，5.24% 涉及东道国权衡或相似内容，1.55% 涉及企业社会责任履行内容，1.75% 涉及腐败相关内容，92.3% 包含代位求偿条款，74.3% 包含非减损条款（在 IIAs 与其他规范冲突的情况下，对投资者适用更有利的规则），14.3% 提及具体投资促进措施。

全球已签订的 BITs 中，62.4% 明确涵盖例外条款，其中，15.3% 包含基本安全例外条款，6.06% 在基本安全例外条款中对例外情形做了详细定义，5.75% 在基本安全例外条款中规定例外情形签约双方自酌，9.32% 的 BITs 实践中将公共卫生与环境定义为公共政策例外情形，9.17% 将文化遗产、公共秩序等定义为其他公共政策例外情形，4.35% 的公共政策例外情形涵盖涉及财务措施的审慎剥离。例外条款正文和附录部分 1.83% 采用正面清单方式列示承诺，9.83% 采用负面清单方式列示保留权利情形，0.78% 采用两种方式结合的模式。

99.3% 的全球已签订 BITs 包含国家—国家间投资争端解决条款（State-State Dispute Settlement，SSDS 机制）。94.8% 的全球 BITs 实践中纳入 ISDS 机制，24.3% 的投资者—国家争端解决条款规定纠纷双方可自愿选择调解方式替代仲裁。93.3% 的 BITs 范围与合意条款在 ISDS 机制条款首段定义了索赔范围的主要方法，其中，71.3% 涵盖任何与投资有关的争议，2.8% 列出条约以外（如合同纠纷）索赔的具体依据，19.2% 规定只适用于 BITs 事项索赔。13.5% 的投资者—国家争端解决条款中规定了 ISDS 范围的限制，其中，2.77% 限制适用 ISDS 的内容，2.76% 列出了 ISDS 机制例外情形，3.07% 规定了针对税收和审慎措施领域投资纠纷的特别机制。95% 的投资者—国家争端解决条款涵盖了就投资纠纷仲裁达成合意方式，其中，90.5% 提供明示或暗示的同意，3.8% 规定就每例纠纷达成仲裁共识。62.7% 的仲裁机构选择条款规定东道国国内法院为投资纠纷双方仲裁机构，84.8% 的条款规定投资纠纷双方通过 ICSID 解决，63.5% 的条款规定投资纠纷双方通过联合国国际贸易法委员会（United Nations Commission on International Trade Law，UNCITRAL）解决投资争议。在各个可选择的仲裁机构效力关系方面，57% 的 BITs 中没有涉及，22.4% 设置"分岔路口"条款（fork-in-the-road clause），① 5.24% 设立主权豁免条款，4.86% 规定保留在东道国国内法院裁决后仲裁的权利，3.42% 设置"用尽当地救济"条款（local remedies first）。7.2% 的投资者—国家投资争端条款规定了提交仲裁的时效限制，3.69% 规定了投资者—国家投资争端解决的临时措施，2.87% 对投资者—国家投资争端解决的合并仲裁做出了规定，4.43% 纳入了有限的救济（具体说明可获得的救济类型）。4.9% 的投资者—国家间投资争端条款中确认缔约双方或其联合委员会对 BITs 条款的解释对纠纷双方有约束力；4.97% 的投资者—国家间投资争端涵盖了仲裁的程序透明原则，其中 1.94% 的条款中要求相关仲裁文档公开，1.52% 要求仲裁听证会向公众公开，1.52% 要求允许仲裁庭在一定的条件下自主裁量是否接受法庭之友向仲裁庭提交的书面材料（submissions by amici）。②

3.2　BITs 条款设计演化及中国 BITs 实践特点

随着 BITs 签订数量和涉及议题日益广泛，逐渐发展出了几类常用的条款，各国 BITs 实践中覆盖最广、条款内容复杂度较高的有最惠国待遇条款、国民待遇条款、公平、公正待遇条款和国有化或征收条款。

3.2.1　国民待遇条款

最惠国待遇和国民待遇条款最先适用于国际贸易领域，后扩展到了投资领域，其含义也发生了一定的变化，投资领域的最惠国待遇具有多边传导效应，是指东道国给予缔约对方的投资者和投资的待遇不低于给予任何其他缔约方的投资和投资者已经享有和将要享有的待遇。国民待遇是 BITs 中最重要的实体条款之一，其通常表述为规定东道国有义务给予外商投资者以及外商投资以"不低于在相似情形下给予本国投资者以及本国投资的

---

① 岔路口条款是国际投资协定中一种常见的关于选择争端解决方式的条款。岔路口条款要求投资者在东道国国内救济和国际投资仲裁中二者择其一，而且一旦选定则为终局。此条款的设计有利于防止投资者滥用权利，确保投资争端解决的终局性和有效性，同时也有助于防止救济资源的浪费。http://www.nortonrosefulbright.com/knowledge/publications/132586/fork-in-the-road-clauses。

② https：//investmentpolicy.unctad.org/international-investment-agreements/iia-mapping#section－1。

待遇"。① 尽管 BITs 对于不同国家吸引外商投资的效应并不一致，但是研究多显示，中国签订的双边投资协定对吸引外资和促进对外投资具有正向影响。

BIT 中的国民待遇条款通常有两种模式，即相对保守的准入后国民待遇模式和相对前沿的准入前国民待遇模式。准入后国民待遇模式在过去的几十年中使用最为普遍，其含义是外商投资者依照东道国的法律要求在东道国设立了投资企业后，从事经营活动与东道国的投资者享有同样的权利与义务。准入前国民待遇模式起源于美国的国际条约实践，美国在 1994 年修订的范本和 2012 年修订的范本中也沿袭使用了准入前国民待遇模式。准入前模式将国民待遇赋予外商投资者。对于资本净输入国而言，利用外资金额大于对外投资金额，保护境外投资的需求不如缔约相对方强烈，故缔约时更倾向于对国民待遇义务采纳相对保守策略。而对于资本净输出国而言，对外投资金额大于利用外资金额，保护本国境外投资的意愿非常强烈，在缔约时则更倾向于对国民待遇义务采取相对激进策略（Benteniotis，2020）。

中国 BITs 实践中的国民待遇条款经历了漫长的演进历程，大致可分为三个阶段：从早期拒绝给予外商投资以国民待遇，至逐步给予外商投资有限的准入后国民待遇，再至 2013 年后，中美 BIT 谈判同意采取准入后国民待遇加负面清单管理模式。

20 世纪 90 年代以来，中国的 BITs 实践中越来越多地开始适用有限的准入后国民待遇。在 20 世纪 90 年代，17.5% 中国签订的 BITs 中采用了有限的准入后国民待遇。加入 WTO 后至 21 世纪末中国的 32 项 BITs 实践中，仅 2004 年签订的中国—突尼斯双边投资协定和 2007 年签订的中国—古巴双边投资协定没有涵盖国民待遇条款，同期中国签订的 93.8% 的 BITs 均涵盖了有限的准入后国民待遇条款。中国的 BITs 实践对准入后国民待遇条款接受程度逐步提高，并通过例外措辞对适用国民待遇进行不同程度的限制。但这一时期中国与不同国家签订的 BITs 对国民待遇条款的具体形式尚未达成统一模式，与不同国家签订的 BITs 中对于准入前国民待遇的具体表述差异在一定程度上反映出中国对国民待遇条款内涵认知的探索与尝试过程。

中国整体利用外资规模和对外投资规模在 20 世纪 90 年代后期开始了快

---

① 张倩雯，王鹏. 双边投资协定国民待遇条款的中国实践：历史经验与未来演进［J］. 对外经济贸易大学学报，2018（5）.

速增长，在此背景下，为吸引高质量 FDI，为投资者提供更高的权益保护水平，营造外资友好型营商环境，中国开始积极寻求与投资伙伴国进行 BITs。

2000 年 10 月，党的十五届五中全会提出，实施"走出去"战略，努力在利用国内外两种资源、两个市场方面有新的突破，促进"引进来"和"走出去"协调发展。① 随着 2001 年中国加入世界贸易组织，中国对外开放实践进入新阶段。中国 20 世纪 90 年代的 BITs 实践中采用国民待遇条款，向潜在投资者释放为外商投资提供相对公平、具有透明度及可预见性的外资友好型营商环境的信号。2003 年"走出去"战略实施以来，国家鼓励"走出去"政策效应和优势企业实力开始显现。随着对外投资规模稳步、快速增长，中国企业海外投资风险规避与权益保障的需求日益强烈。自 2004 年，中国对外投资呈现加速增长态势，增长幅度远大于同期利用外资的增幅，增速明显。中国利用外资整体规模仍大于对外投资规模，即仍为资本净输入国。因此，同期中国 BITs 实践中开始探索涵盖符合中国双向投资结构的国民待遇条款新模式。这一时期中国 BITs 实践中涵盖、实施国民待遇条款类型的探索转为营造外资友好型营商环境与保护中国企业"走出去"权益保障的动机并存。因此，中国 BITs 实践在国民待遇模式探索的时采用以平衡东道国规制权与外资准入后国民待遇的保守模式，即限制国民待遇适用的国民待遇条款。虽然中国在《外商投资法》中已经确立了准入前国民待遇加负面清单管理模式，但是在对外签订的 BITs 中绝大多数却没有将投资待遇扩大到准入前阶段。因此，为了促使国际条约和国内投资法律制度的衔接，在制定中国双边投资协定范式的过程中应该明确包含准入前国民待遇加负面清单的外资管理模式。《中欧 CAI》已经完成全部谈判，中国明确在市场准入方面采取准入前国民待遇加负面清单模式。这标志着中国在市场准入和国民待遇方面又向前迈了一大步，有足够的能力在更多的 BITs 中适用准入前国民待遇加负面清单模式。

综上，无论基于《外商投资法》的现实需要，还是《中欧 CAI》已经确立的标准，中国在双边投资协定范式的构建中都需要明确国民待遇标准并将其扩大到外资准入前阶段。一方面可以实现协定与《外商投资法》的衔接，给予外资更加便利透明的投资环境；另一方面，中国对外投资的企业也能够根据协定的准入前国民待遇条款享受更加便利的投资政策。

---

① 卫兴华，江晓薇. 实施"走出去"战略促进经济发展［J］. 经济学动态，2001（5）.

3.2.2 投资争端解决条款

征收、征用条款是指国家出于公共利益的需要对私人企业的全部或部分资产实行征用，收归国家所有，涉及国外主权和境外投资者的利益冲突。关于征收或国有化问题，大多作为资本输出国的发达国家与许多作为资本输入国的发展中国家一直有分歧。作为资本输出国的发达国家主张东道国仅是资产的托管人，对外资进行征收或国有化，是国际不法行为；作为资本输入国的发展中国家则认为东道国政府有权利征收其境内的外国财产，这本身就是一种行使国家主权的行为。中国政府一直主张东道国的征收权，中外双边投资条约一般都对征收与补偿问题进行严格而具体的规定，同时也在条约中自我限定了一些征收的条件。

双边投资协定中的程序性条款最常见的则是管辖权条款，管辖权方面，绝大多数 BITs 中相关条款安排提交 ICSID 进行投资纠纷仲裁，因为 ICSID 适用 ISDS 机制，所以当今多数 BITs 都引入了 ISDS 机制。

为提高东道国与投资者之间的投资争端解决效率，各国于 1962 年签署了《华盛顿公约》。《华盛顿公约》首先在国际上确立了 ISDS 机制。与国家之间争端解决机制相对应，ISDS 将投资者从东道国的法律体系中剥离，允许投资者直接对东道国提起仲裁，将作为私人主体的投资者与作为主权者的东道国置于平等地位，为其保护自身利益提供了机会和平台。《华盛顿公约》还组建了 ICSID，专为解决外商投资者与东道国政府之间的投资争端，在东道国国内司法程序之外提供国际解决方式，遵循国际调解和国际仲裁程序。ICSID 为调解委员会或国际仲裁庭提供各种设施和条件，协助他们开展争端解决工作。1969 年签订的乍得—意大利 BITs 中出现的投资者—国家争端解决条款，标志着 ISDS 机制正式被纳入国际投资治理体系实践。20 世纪70 年代，美国开始在 BITs 实践中积极纳入 ISDS 相关条款，允许投资者直接向东道国主张其投资权益与公平、公正待遇。此后越来越多的双边与多边投资协定开始效仿这一做法。20 世纪 90 年代和全球化的发展，使 ISDS 得到了越来越多的应用。

越来越多的 BITs 中开始涵盖将投资者与东道国间投资争端提交 ICSID 管辖的条款，这意味着在应东道国要求用尽当地的行政及司法救济手段之后，协议双方同意排除 ICSID 仲裁之外的任何其他救济方法。ICSID 可以受理的争端限于一缔约国政府与另一缔约国国民直接因国际投资而引起的法律争端，其可以受理的案件种类似乎是为 BITs "量身定做" 的。

国际上签订的 BITs 愈加重视投资者保护，故越多的 BITs 引进了对投资者有利的 ISDS 机制，约定 ICSID 具有管辖权。ISDS 机制的仲裁系统有很多，但 ICSID 已经成为 ISDS 机制下最重要的仲裁实践地。发展中东道国一旦被 ICSID 仲裁委员会判定因违反 BITs 相关条款义务，而损害海外投资者权益，并因此对海外投资者承担赔偿责任后，与其他东道国缔结新的 BITs 的可能性、对来自 BITs 缔约国和非缔约国 FDI 的吸引力均显著下降（Poulsen and Aisbett，2013；Allee and Peinhardt，2011；Wellhausen，2016）。违背 BITs 中责任条款义务的潜在成本不仅包括仲裁费用、巨额违约赔偿，还包括因国家形象和声誉受损引致的未来 FDI 流入减少。投资者通过 ICSID 仲裁机构因东道国征收、征用行为索赔并获得最终裁定的案例数从 20 世纪 90 年代末的每年不到 10 起增长至 2012 年以来的每年约 50 起，2019 年达到 93 起的最高峰，截止到 2022 年 6 月，共达 1106 起。向 ICSID 仲裁机构发起的投资者—东道国争端解决案件总量呈逐年增长趋势、涉及争议条款事项越来越广（如图 3－3 所示）。

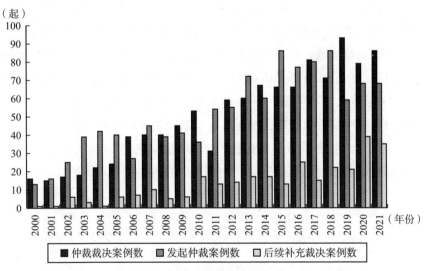

图 3－3　全球投资仲裁案例变化趋势

资料来源：笔者依据国际投资仲裁案例库数据绘制而成。

87.5% 的投资仲裁申请由发达国家的投资者发起，[①] 对象皆为发展中国家或转型经济体；针对发达国家发起的投资仲裁申请占全球仲裁申请的16.3%，[②] 多数由来自发展中国家的投资者发起。[③] 投资者对发展中国家、转型经济体发起的投资仲裁申请中以对阿根廷的最多，占7.2%，对委内瑞拉发起的投资争端仲裁申请占6.4%，对埃及的占5.4%，对捷克的占4.8%；对墨西哥的占4.4%；对波兰的占4.2%，对秘鲁的占3.6%，对印度的占3.5%；对俄罗斯的占3.15%，对印度的占3%，对厄瓜多尔的占2.9%；对哈萨克斯坦、玻利维亚、克罗地亚、哥伦比亚、巴基斯坦的分别占2.2%，对其他发展中国家、转型经济体发起的投资争端均低于1.9%。来自发展中国家、转型经济体投资者发起的投资仲裁申请中，土耳其占16.7%，俄罗斯占9.7%，乌克兰占5.95%，中国占4.8%，毛里求斯占3.7%，巴拿马、科威特分别占3.3%，智利、约旦分别占3%，波兰、捷克分别占2.6%，哈萨克斯坦占2.2%，秘鲁、阿根廷分别占1.86%，来自其他发展中国家、转型经济体投资者发起的投资争端均低于1%。[④] 全球多年BITs 仲裁实践中，逐渐显示出 ISDS 在解决双边投资争端中忽视东道国公共利益与规制权、缺乏合法性及一致性的仲裁规则、投资者诉权滥用、发起轻率仲裁、仲裁程序透明度低等缺陷和弊端。针对 ISDS 出现的问题，需要对ISDS 争端解决机制加入强制性的协商程序、常设初审法庭和上诉法庭、完善高要求的道德规范，以求强化国家规制权，加强仲裁裁决合法性和公正性。针对签约东道国政府强调规则的透明度要求，美国在 2012 年修订的范本中对 11 条涉及"透明度"的条款及内容进行了修改，并增加了 4 个条款，明确了签约国政府听取公众评议、公示相关政策和法规的途径及期限等内容。TTIP 中在投资章节及其他投资争端解决路径中就加入了常设投资法庭和上诉机制的条款。由此可见，ISDS 机制存在的问题亟待改进。

---

① 由澳大利亚投资者发起的海外投资纠纷仲裁申请占 3%，由比利时投资者发起的占 2.1%，由加拿大投资者发起的占 6.5%，由法国投资者发起的占 6.3%，由德国投资者发起的占 8%，由意大利投资者发起的占 4.8%，由卢森堡投资者发起的占 4.5%，由荷兰投资者发起的占 12.9%，由西班牙投资者发起的占 6.8%，由瑞典投资者发起的占 4.4%，由英国投资者发起的占 9.9%，由美国投资者发起的占 21.1%。

② 其中，17.2% 的投资者仲裁申请针对加拿大，9.4% 针对匈牙利，7.2% 针对意大利，5.6%针对韩国，30.6% 针对西班牙，12.8% 针对美国。

③④ https://investmentpolicy.unctad.org/investment-dispute-settlement.

1987 ~ 2021 年,[①] 违反 BITs 条款的有效仲裁案件共 1718 例，其中针对直接征收条款的仲裁案件 131 例，针对间接征收条款的 450 例，针对公平和公正待遇/最低待遇标准（包括拒绝司法诉求）条款的 555 例，针对充分安全和保护条款的 273 例，针对保护伞条款的 165 例，针对国民待遇条款的 144 例。最终仲裁庭做出违反 IIAs 条款的仲裁裁定 313 例，[②] 其中针对直接征收条款的仲裁案件 43 例，针对间接征收条款的 65 例，针对公平和公正待遇/最低待遇标准（包括拒绝司法诉求）条款的 154 例，针对充分安全和保护条款的 22 例，针对保护伞条款的 20 例，针对国民待遇条款的 9 例（见表 3 - 1）。

表 3 - 1　　　　　　　投资者—国家投资争端案例涉及条款　　　　　单位：例

争端	违反 IIAs 条款的仲裁起诉	违反 IIAs 条款的仲裁裁定
直接征收	131	43
间接征收	450	65
公平和公正待遇（最低待遇）标准，包括拒绝司法诉求	555	154
充分安全和保护条款	273	22
保护伞条款	165	20
国民待遇	144	9
司法管辖权	N/A	125
司法依据不足被驳回	N/A	146
最终裁决之前已解决	N/A	232

资料来源：笔者依据国际投资争端案例库整理。

从行业分布看，第一产业海外投资争端提交仲裁案例 213 起，第二产业 158 起；第三产业 773 起。第一产业中农业、林业和渔业海外投资争端提交仲裁案例 36 起，采矿业海外投资投资争端提交仲裁案例 178 起。第二产业中多数涉及食品、服装、橡胶等中低附加值加工制造，涉及电器制造的争端 2 起、机械设备制造 6 起、汽车挂车等运输设备制造 4 起。第三产业中电

---

①　https://investmentpolicy. unctad. org/investment-dispute-settlement，2021 年 9 月 2 日进入。

②　其中 125 例因司法管辖权缺失被驳回，146 例因司法依据不足被驳回，232 例在仲裁庭做出最终裁定前和解，24 例数据缺失。

力、天然气和蒸汽压缩制冷机供应 202 起，供水；污水、废物管理和救济 48 起，建筑业 126 起，批发零售（机动车辆及摩托车及其他）、修理机动车辆及摩托车 25 起，运输和仓储 57 起，住宿和餐饮服务业 15 起，信息与通信行业 162 起，金融保险服务业 220 起，房地产行业 58 起，专业技术服务业 18 起，非专业技术服务（行政和专业服务支持）19 起，教育服务业 0 起，人类健康与社会服务业 24 起，其他服务业 1 起。

　　2007 年以来至今，以中国作为被申请人的已公开国际投资仲裁案共有 7 起，均是根据中国对外签订并生效的 BITs 提起的案件。没有依据投资合同或东道国法律提起的案件，或依据中国对外签订的纳入投资章节 FTAs 提起的仲裁申请案件。7 起案件中，至少有 5 起案件适用的仲裁规则为 ICSID 规则。从程序发起的时间看，截至 2010 年，中国未曾被提起投资仲裁案件。从 2011 年开始的 6 年时间里，中国分别在 2011 年和 2014 年被提起 1 起案件，随后各有两年没有被诉案件，相当于每三年 1 起案件。2017 年出现第 3 起案件后，仅隔一年即于 2019 年出现第 4 起案件，呈现增加之势。而 2020 年一年已公开的投资仲裁案件达到 3 起，呈加速增长态势。ICSID 公开披露的 7 起案件中投资者的来源国分布情况与我国外资来源分布情况基本一致。2020 年，外商投资实际投入金额排名前 10 位的国家（或地区）分别是新加坡、韩国、日本、荷兰、美国、德国、英国、瑞士以及法国（除港澳台地区以及避税地）。① 已知 7 起案件中，由上述 10 个国家的投资者提起的投资仲裁案件有 6 起，其中新加坡投资者提起的案件有 2 起，韩国、日本、德国和英国投资者各提起 1 起，另外 1 起案件由马来西亚投资者提起。从地域范围上看，亚洲投资者提起的案件有 5 起，占比 71%，欧洲投资者提起的案件有 2 起，占比 29%。截止到 2022 年 6 月，北美洲、拉丁美洲、大洋洲、非洲投资者未提起针对中国的投资仲裁申请。已披露案件信息中，以中国作为被申请人国际投资仲裁案涉及矿产开采挖掘和房地产行业。从这 7 起案件的审理情况来看，已审结的案件仅有 2 起，未审结的案件则有 5 起。2 起已审结的案件中，1 起案件通过和解结案，1 起案件发起国胜诉。

　　作为经济转型国家，中国很有可能会遭到来自发达国家的投资者的起诉。从案件争议涉及的行业领域来看，7 起案件中，涉及房地产有关争议的至少有 5 起。其余案件的争议问题均不同程度地涉及房地产开发或土地使用

权有关争议，绝大多数发起针对中国的投资仲裁的主体为中小企业或自然人。而最有可能被起诉的行为包括涉嫌没收或国有化、终止合同或特许经营等。针对这种情况，中国作为投资者签订 BITs 时，应当注重某些领域的投资保护，作为东道国签订 BITs 时，应防止某些违反协议条款的行为，当扮演双重角色时，要平衡外商投资权益与东道国政策规制权益。

随着中国在国际和国内投资治理的实践不断丰富，中国也在缔结 IIAs 方面取得进展，相关国内立法也日趋完善。与此同时，外商投资者针对中国政府和中国投资者对外国政府提起的投资仲裁案件也不断增长，社会各界对于投资仲裁的关注日益增多。截止到 2022 年 6 月，中国投资者作为申请人依据中国对外签订的 BITs 共发起了 13 起国际投资仲裁案件。从被申请人来源分布情况来看，由中国大陆投资者提起的投资仲裁案中，76% 的案件是以亚洲和欧洲国家作为被申请人，即 13 起案件中，5 起案件是以蒙古、也门、韩国、老挝以及柬埔寨亚洲国家为被申请人，5 起是以比利时、希腊、乌克兰、芬兰以及马耳他等欧洲国家为被申请人，另有 2 起以加纳以及尼日利亚（非洲国家）为被申请人，1 起针对秘鲁（拉丁美洲国家）发起的仲裁。至今尚无针对北美洲、南美洲和澳洲国家提起的仲裁案件。将港澳台投资者也考虑在内，亚洲、欧洲和非洲也是被提起仲裁更多的地区，分别占 38%、38% 和 15%；拉丁美洲占 8%。38.5% 的案件以发达国家（比利时、希腊、芬兰、韩国、马耳他）为被申请人，38.5% 的案件以发展中国家（蒙古、乌克兰、加纳、尼日利亚、秘鲁）为被申请人，23% 的案件以欠发达国家（老挝、也门、柬埔寨）为被申请人。

从程序开始的年份看，自 2007 年出现中国投资者提起的第一起投资仲裁案件以来，除 5 个年份外，每年至少会新增 1～2 起由中国投资者提起的投资仲裁案件。2020 年新增案件至少为 2 起，2021 年公开的案件中新增 4 起，为历年增速最高。从 2019 年开始，更多中国企业开始尝试通过投资仲裁解决与东道国的争议。

以大型企业（国有以及非国有）/金融机构提起投资仲裁的案件占中国投资者发起仲裁案件总量的 62%，38% 的仲裁由自然人或中小企业发起。2018 年之前的发起仲裁的申请人均是大型企业。自 2019 年以来，由中小企业或自然人提起的仲裁案例逐年增多。与我国投资被提起仲裁涉及的争议领域相比，我国投资者发起仲裁案件争议涉及的领域更为广泛，包括能源、文创餐饮娱乐、工程建设、加工制造、机械制造、矿业采掘、金融服务、电信服务、不动产行业。13 起仲裁案件 7 起仍未结案，5 起案件已审结，另有 1 起案件在启动同年撤诉。已结案件中，2 起案件中仲裁庭做出有利于东道国的裁决，1 起案件中仲裁庭做出有利于投资者的裁决，1 起案件中争议双方和解。通过对案例进行分析后发现，政府的违约行为无论是私法主体的商事行为性质抑或是公法主体的行政行为性质，既可能会被仲裁庭认为违背了 BITs 中的"保护伞条款"，也可能被认为同时构成"征收条款"的违反。从间接征收视角看，政府采取的措施既可能是行政管理措施，也可能是立法行为，行政管理措施直接针对投资的管制措施，立法行为可能并不直接针对投资，但最终对外商投资产生了负面影响，且该影响本质上具有从属性。政府的措施如果造成投资者经济利益受损，国家从中受益与否，均可能被认为构成间接征收。与既存的涉及中国或中国投资者的投资仲裁案件相同，2020 年新增投资仲裁案件也多涉及"限制性争议解决条款"的解释问题。如前所述，中国政府作为被申请人的 7 起案件中至少有 4 起是依据中国早期对外签订的 BITs 中的"限制性争议解决条款"提起的，其中包括 2020 年的 3 起新增案件，中国投资者依据中国对外签订并生效的 BITs 提起的 10 起投资仲裁案件中，有 8 起案件是依据中国早期签订并生效的 BITs 中的"限制性争议解决条款"提起的。2020~2021 年新增的 3 起案件中则有 2 起是依据此类"限制性争议解决条款"提起的。

以中国政府作为被申请人的 3 起案件为例，这些案件所依据的 1985 年签订的中国—新加坡协定与 1988 年签订的中国—日本协定类似，都是我国早期对外签订的双边投资协定，中方在这些投资协定下一般仅做出有限的仲裁同意，例如同意投资者就"关于由征收、国有化或其效果相当于征收、国有化的其他措施发生的补偿款额的争议"提交国际仲裁庭等。基于这些条款，投资者无疑不能将与征收无关的争议（例如违反公平公正待遇等）提交仲裁，但能否将在征收补偿款额之外的其他与征收有关的争议（例如征收是否存在，是否依照法定程序，是否非歧视等）提交仲裁，则有不同理解。广义解释主张"征收补偿款额有关的争议"不仅包括补偿款额争议，还包括与征收有关的其他争议。如果其管辖权仅限于审理补偿款额争议，则有关征收本身的争议（例如是否发生了征收）只能提交东道国法院，而根据涉案 BITs 的"岔路口条款"，投资者在将征收争议提交法院后，不得再将与征收补偿款额有关的争议提交国际仲裁。因此，若仲裁庭管辖权不包括征收是否发生的争议，则会在实际上导致该协定中的仲裁条款无效。狭义解释主张将管辖权限缩为仅包括与征收补偿额有关的争议,"与征收补偿额有关的争议"指的是征收补偿金额是否与宣告征收时被征收的财产的价值相当的争议。在东道国已经宣告征收但争议双方对征收补偿款额无法达成一致时,当事人可以将补偿款额争议申请仲裁,这种争议实际发生的可能性大小并不能决定该条款有效还是无效。

中国的投资协定缔约实践从 20 世纪 80 年代初开始,至今已近 40 年。不同时期缔结的投资协定不论是实质保护条款还是争议解决条款都有所区别。由于中国与一些国家在不同时期缔结了多份投资协定,在涉及中国或中国投资者的某些投资仲裁案件中同时涉及多份投资协定。由于这些投资协定在实体保护条款和争议解决机制上存在区别,且有可能在争议发生时均有效,故多协定在具体案件中的适用值得研究。投资者与国家间争端解决机制一直是 IIAs 的核心相关问题,自 2017 年 7 月起,UNCITRAL 第 50 次委员会会议授权第三工作组讨论投资者与国家间争端解决机制的现存问题、改革必要性和潜在的改革方案。2019 年,经过两年的讨论,第三工作组决定同时研究制定多个潜在的改革方案,包括体制性改革方案。改革方案的研究与制定为推进投资者与国家间争端解决机制改革进程指明了方向。

投资协定除约定可仲裁范围外,往往还会约定仲裁前置程序、仲裁机构、仲裁庭组庭方式、仲裁规则等事项,投资者在投资协定约定临时仲裁的情况下提起 ICSID 仲裁。对这些事项的约定一般也被认为是东道国仲裁同意的一部分。在投资仲裁实践中,双方当事人围绕可仲裁范围、仲裁前置程序产生争议的案件很多。而在 2020 年新增的海外投资者诉中国的案件中,有 2 起案件均存在投资协定中约定的方式为临时仲裁而投资者直接向 ICSID 进行仲裁申请的情况。对于此类情况,被申请方应统筹考虑 ICSID 框架下的相关条款,采取适当的应对行动,以国际条约为基础,明确相应程序、机构、人员,完善仲裁纠错机制,使仲裁裁决更加符合法律预期,约束裁判人员的行为,规范仲裁程序。投资仲裁过程通常引起冗长的仲裁程序和高昂的诉讼成本,从广泛的争端解决经验来看,应善用替代性争端解决措施以维护投资者与东道国政府的长期合作关系,运用调停和调解等方式,降低争议解决的成本。

我国对 ICSID 秉持极其谨慎的态度,只是在征收及其补偿问题上接受 ICSID 管辖。但从 1998 年起,我国开始全面接受 ICSID 的仲裁管辖权,为进一步深入推进"走出去"发展战略,2003 年签订的中国—德国双边投资协定中将 ICSID 的管辖范围扩大至由投资产生的任何争议,[①] 但接受 ICSID 的管辖权也会在一定程度上冲击东道国规制权。ISDS 机制与 ICSID 管辖在国际投资中日益发挥重要作用的同时,也暴露出一些弊端,比如,20 世纪 90 年代,阿根廷鼓励海外投资者参与国内新自由主义经济战略实施背景下,共签订 55 涵盖 ISDS 机制条款的 BITs,21 世纪初,阿根廷经济停滞,新一届政府颁布《公共紧急状态法》并出台一系列紧急经济救助政策。许多外国投资者以紧急经济救助政策侵犯在阿根廷投资权益为由向 ICSID 对阿根廷政府提起诉讼达 43 例,涉及的赔偿总额远超当时财政年度的 GDP。[②] 由此可见,ISDS 将东道国民众合理要求下的政府政策与外资利益保护对立起来,可能在较大程度上阻碍东道国政府制定新的法律、政策。同时,如在协定中引入 ISDS 机制忽视东道国政策规制的平衡,一旦因应对突发不确定性风险的措施而被提起仲裁诉讼的"多米诺骨牌效应",在一定程度上给东道国造成一定的经济赔偿压力。ISDS 机制引发的问题包括东道国公共利益受损、东道国法律的主权遭遇挑战、投资者滥用诉权或轻易发起仲裁,以及不透明的仲裁程序。私人投资者可直接对东道国提起诉讼,令东道国面对难以计数的仲裁申请,裁决中的巨额赔偿也可能给国家带来难以承受的经济负担。过分强调投资者权益保护的 BITs,会以东道国正当规制权益受损为代价,基于此,印度在 2015 年制定双边投资协定新范本,[③] 在投资定义、公平与公正待遇、国民待遇、最惠国待遇、征收等方面削弱了投资者保护程度,细化了投资者和母国的义务,强化仲裁庭解释权限制等东道国管制权有限平衡投资者利益保护与东道国主权公共政策空间。其国际投资法政策立场从强调投资者保护转向了强化东道国对外商投资的规制权。

2020 年我国在国际、国内立法层面均取得一系列重大进展,如《区域全面经济伙伴关系协定》(Regional Comprehensive Economic Partnership, RCEP) 签署、《中欧 CAI》全部谈判完成,《外商投资法》及其司法解释、实施条例正式施行,同时许多投资协定和自由贸易协定也在 2020 年开始谈判。在争端解决方面,无论是中国作为被申请人的案件,还是中国投资者作为申请人的案件,在数量上都呈现加速增长趋势,已公开的中国政府被诉案

---

① http://tfs.mofcom.gov.cn/aarticle/h/au/200405/20040500218063.html.

② 经济评论官网,http://jer.whu.edu.cn/jjgc/5/2015 - 11 - 27/1876.html。

③ https://investmentpolicy.unctad.org/international-investment-agreements/treaty-files/3560/download.

件数量增加 3 起、中国企业起诉案件增加 2 起，而在 2020 年以前程序已经开始的案件也正在推进当中。在参与国际规则制定方面，中国积极参与 ISDS 机制改革以及 ICSID 规则修订，就联合国贸易与发展会议第三工作组第 38 届、第 39 届会议相关议题和 ICSID 规则修订第四版工作文件提交意见。

近期区域贸易协定根据时代需要和实践，从善意措施界限的划分和基于公共利益的非歧视规制行为或措施的明确两方面来改进"间接征收"条款，以使其更具操作性和指导性。中国多数 BITs 存在着诸如条款内容滞后于外商投资新特点、中国对外投资对权益保障的新诉求不足、保护范围涵盖性不足等问题，这种严重滞后于时代发展的状况，不仅未能为中国海外投资保护提供充分有效的制度保障，更是引致诸多法律争议的根源。因此，需要对此深刻反思并及时进行调整有关策略。习近平总书记在党的十九大报告中提出要以"一带一路"建设为重点，坚持"引进来"和"走出去"并重，遵循共商、共建、共享原则，加强创新能力开放合作，形成陆海内外联动、东西双向互济的开放格局。在这一过程中，提升中国与他国签订 BITs 的能力显得尤为重要。《中欧 CAI》将就 ISDS 机制问题进行谈判，中欧双方若在是否建立投资法院机制、上诉机制问题等关键 ISDS 机制议题方面达成一致，将是向全面投资保护的方向的重大推进。在国内立法方面，《外商投资法》及其配套法规正式施行后已初见成效，中国将继续提升其开放水平吸引外资，为外商投资者和外商投资企业提供更加良好的投资法治环境。2020 年以来，以中国作为被申请人的仲裁案件与中国投资者作为申请人发起的投资仲裁案件数量比往年大幅增长，对我国投资仲裁实践和参与国际投资法治建设提出了新的挑战。

3.2.3　强化投资自由化相关议题

越来越多的 IIAs 在其法律案文附件中具体列出了签约国特定部门可免除条约履行义务负面清单。负面清单通常被看作投资自由化的可信承诺，有助于提升签约东道国投资环境的透明度。美国自 2004 年以后签署谈判的 BITs（如 2012 年修订的美国范本）和 FTAs 的投资章节中，均采用负面清单模式。TTIP 以及《全面与进步跨太平洋伙伴关系协定》（Comprehensive and Progressive Agreement for Trans-Pacific Partnership，CPTPP）中均广泛采取负面清单模式。近年来日本与韩国、秘鲁、越南等国签订的 BITs 也广泛采用负面清单模式。欧盟成员国近年的 BITs 实践也逐渐转向采用负面清单模式转型。2013 年欧盟与加拿大签署的《综合性经济贸易协定》（Comprehensive Economic and Trade Agreement，CETA）是欧盟第一次适用负面清单模式。《北美自由贸易协议》（North American Free Trade Agreement，NAFTA）、欧盟投资协定、中国—东盟自由贸易区投资协定为代表的区域投资协定与以《WTO 协定》等为代表的多边投资协定相比，投资议题更强化投资自由化。此外，新一代 BITs 的功能并不仅仅是保护投资和投资者与东道国和投资者之间的利益平衡，更承载许多与投资相关的发展目标和功能。IIAs 越来越多地涉及与国内法相关的实体条款和内容的协调，强调透明度规则的建立、知识产权保护和公平的市场竞争环境等。这些条款对倒逼东道国国内营商环境的改善具有重要作用。

为了加强对海外投资企业的权益保护，中美两国自 20 世纪中期展开了商贸协定谈判活动。中美两国于 20 世纪 80 年代期间开展了 6 轮 BITs 谈判，因双方的投资结构、对投资管理要求差异，最终未在国民待遇、征收和补偿、资金转移和投资争端解决等关键议题上达成实质性共识。随着中美两国间双向投资规模、涉及行业和投资模式的日渐增长，中美就停滞多年的中美 BITs 谈判开始了一些非正式的接触与商谈。2008 年 6 月，中美两国政府在第四次中美战略经济对话结束时，正式宣布启动 BITs 谈判。2012 年 4 月，美国发布了最新版范本，并以此作为继续同中国开展谈判的基础。2013 年 7 月，经过多轮磋商，两国在第五轮中美战略与经济对话上就"将尽快进入 BITs 的实质性谈判阶段"，以"准入前国民待遇"和"负面清单"为基础开展中美双边投资协定的实质性谈判达成一致。双方在"准入前国民待遇"和"负面清单"模式上达成共识，标志着中美两国双边投资协定谈判将迈上新台阶，也将是中国在国民待遇条款上的一大突破。"准入前国民待遇"和"负面清单"管理模式将推动中国与其他发达国家间的投资协定及 FTAs 谈判。中韩两国于 2015 年 6 月达成 FTA，双方承诺，协定生效后将启动负面清单模式的第二阶段服务贸易谈判和以"准入前国民待遇"和"负面清单"模式的投资议题后续谈判。2015 年 6 月签订的中澳 FTA 也在条款中明确了给予外商投资及外商投资者准入前国民待遇，并就其例外的措施和领域制定了负面清单。

伴随着中国利用外资和对外投资规模的持续增长，2013 年中国已成为世界第二大资本输入国和世界第三大资本输出国，2015 年中国资本输出规模首次超过资本输入规模，成为净资本输出国。作为投资东道国，维护国家利益和是最重要的考虑；而作为资本输出国，国家则需要通过激励政策以促进对外投资，并同时以投资者母国的身份为企业海外投资安全与权益提供保障。自 2011 年至今，中国利用外资金额已维持在相对稳定的水平，随着"一带一路"倡议的推进，我国 OFDI 呈现持续增长势头。当保护中国海外投资安全与权益保障需求占据主导地位时，中国 BITs 实践中的国民待遇条款模式应更多考虑中国企业海外投资面临的真实风险与困境，并做出相应的调整。相对于准入后模式而言，采取准入前国民待遇模式更有利于资本净输出国扩大其海外投资受保护的范围和强度。上海等自由贸易试验区作为准入前国民待遇先试先行的试验田，在自贸区进行了"借鉴国际通行规则、对外商投资试行准入前国民待遇、研究制订试验区外商投资与国民待遇等不符的负面清单、改革外商投资管理模式"① 的探索。截止到 2022 年 6 月，我国国际投资治理实践对准入前国民待遇和负面清单的探索已取得一定成果，国内立法和规则层面对准入前国民待遇的接受程度已较高。2019 年 3 月 15 日通过，自 2020 年 1 月 1 日起施行的《中华人民共和国外商投资法》明确对外商投资实行准入前国民待遇加负面清单管理制度，《中华人民共和国中外合资经营企业法》《中华人民共和国外资企业法》《中华人民共和国中外合作经营企业法》同时废止。② 负面清单由国务院发布或者批准发布。中国缔结或者参加的国际条约、协定对外商投资者准入待遇有更优惠规定的，可以按照《中华人民共和国外商投资法》相关规定执行。

3.2.4　可持续发展相关议题全面融入 BITs 实践

20 世纪末，经济全球化快速进展使可持续发展理念深入人心，可持续发展议题在国际投资实践中成为一个日益引起关注的问题，新一代 BITs 对环境保护和劳工标准等可持续发展议题都做出具体细化的规定。第一代传统的投资谈判重点关注的是"边境"措施，主要是投资如何进入东道国及投资利益如何获得保护的问题，但随着全球价值链发展，各国经济发展、产业升级，发达国家与发展中国家之间的关税壁垒降低空间已经很小，推进 IIAs 的可持续发展（sustainable development）和负责任的商业行为（responsible business conduct）改革已经成为发达国家和发展中国家的共识，而 IIAs 通过

---

① http：//www.gov.cn/zhengce/content/2013 – 09/27/content_4036.htm.

② http：//www.npc.gov.cn/zgrdw/npc/xinwen/2019 – 03/15/content_2083532.htm.

"国民待遇""公平和公正待遇"等条款承诺，也会对国内产业政策制定和实施过程产生影响。与《与贸易有关的投资措施协议》（Agreement on Trade-Related Investment Measures，TRIMs）等为代表的多边投资协定相比，NAF-TA、欧盟投资协定、中国—东盟自由贸易区投资协定等区域贸易、投资协定中投资议题强调更加开放全面的投资自由化。此外，BITs 的功能并不仅仅是保护投资和投资者、平衡东道国和投资者之间的利益，还能承载许多与投资相关的发展目标和功能。签订涵盖强调透明度规则的建立、知识产权保护和公平市场竞争环境的 IIAs，并梳理国内法相关的实体条款和内容，对倒逼东道国国内营商环境的改善具有重要作用。BITs 正成为发达国家在相关国际组织体制外强化边境后保护措施的重要机制。知识产权、贸易便利化、卫生、劳工、竞争政策、行政管理监管方式、执法行为、公共采购等促进可持续发展和负责任的商业行为的"边境后"措施，有助于消除潜在的贸易投资壁垒，为企业创造"公平、公正"的投资环境，将推动新一代国际接投资规则的形成和推行（Shoaf，2013；Yamaguchi，2020）。涉及可持续发展条款相关议题的公共政策，比如关税、税收和环境法规等东道国国内监管政策相关投资争端案例开始呈增多趋势（Gaukrodger，2021）。

1. 劳工标准议题 BITs 实践

虽然各国已产生对投资者与东道国利益平衡的意识，但美国却是首先将投资与劳工保护条款纳入 BITs 的国家。2015 年，在美国召开的联合国可持续发展峰会通过了 17 个可持续发展目标，其主要目的是实现社会、经济和环境的协调可持续发展，投资措施逐步由"边境"延伸到"边境后"。BITs 的可持续发展功能主要体现在实现缔约国双方的互利共赢和可持续发展，促进投资的同时不能牺牲劳工权益和环境生态可持续发展等。同时，可持续发展也强调东道国和投资者利益的平衡，不能以损害东道国的公共利益为代价来保护投资者利益。可持续发展目标的内容涵盖环境利益、劳工权益标准、公众健康、公共卫生与安全等一系列权利的集合体，最终目的是实现经济的包容性增长，并能够对社会和环境产生有利影响。联合国贸易和发展会议在投资方面也强调国际投资规则的签订需要符合可持续发展目标，明确 BITs 不能限制政府出于保护公共利益目的而实施监管的权力，同时鼓励企业承担社会责任。[①] BITs 所承载的功能不仅仅是保护和促进投资，还能促进缔约国双方可持续的经济社会协同发展。BITs 虽然只是对与投资相关的活动做出安排，但是在环境保护、公共卫生与健康方面也可以发挥一定作用。在保护环境方面，纳入可持续发展条款可以促使环境问题成为企业投资的必要考虑因素，从而减少以牺牲环境为代价的盈利模式，还能在一定程度上推动投资者在环保方面的技术升级，实现可持续发展。在公共卫生与健康方面，纳入可持续发展条款能够促使东道国具备充分应对公共卫生事件的能力，以维护东道国国民的健康。在劳工标准方面，纳入可持续发展条款有助于东道国重视劳动者权益保护，也能让投资者承担更多的社会责任。尊重东道国基于公共利益和可持续发展目标对外资进行规范的权力已经是双边投资协定发展的整体趋势，但同时也需要对东道国的规制权做出合理的规范和限制。首先，需要明确可持续发展条款的实施以实现公共利益为目的，并且符合相关规定。其次，可持续发展条款的实施应当是非歧视的。最后，可持续发展条款不得被扩大解释或者滥用而损害投资者利益，更不能以可持续发展条款为名进行间接征收。

相对于东道国的公共利益，传统的 BITs 更加注重投资者利益的保护。随着发展中国家国际直接投资实践的发展，新一代 BITs 在条款和内容设计过程中开始寻求保护投资者利益与维护政府为公共利益采取国家规制权之间的平衡。

近年来，劳工标准问题日益成为 BITs 谈判中的重要议题之一。截至 2021 年底，全球 BITs 实践中 4.3% 的 BITs 涉及劳工标准内容。[②] 在美国、奥地利、日本以及加拿大等国的 BITs 实践中，劳工保护条款使用频率越来越高，并呈现出多样化特点。缔约国在 BITs 实践中可以根据现实需要选择不同模式构建其投资协定劳工保护规范。BITs 最初是资本输出国海外投资权益保

---

① 2013 年全球论坛"负责任的商业行为"的总结报告中指出，负责任的商业行为来自商业社区在更广泛的"责任生态系统"中的努力，所有参与者都有责任为建立健康的商业环境而努力。政府不能推卸自己在保护国际认可的基本权利以及确保良好的治理、公平、透明度规定方面的责任（OECD，2013）。因此，企业、劳工、民间组织以及政府在促进可持续发展和负责任的商业行为中都扮演重要角色。经合组织对国际投资协定中可持续发展和负责任的商业行为进行了一些早期调查，如 2007 年对国际投资协定中的环境、劳工和反腐败等问题的调查，2010 年有关环境问题的条约实践等。

② https：//investmentpolicy. unctad. org/international-investment-agreements/iia-mapping # section - 77，2021 年 12 月 20 日进入。

障的国际条法实践，国际 BITs 实践从形式到内容大都是以保护投资者的利益为核心，较少考虑平衡与维护东道国权益问题，国际 BITs 实践中资本输出国与资本输入国权益失衡问题日渐引起关注。国际投资条约实践中将反映劳工保护需求的内容纳入序言部分，以尝试平衡投资保护与东道国利益。①

BITs 序言中涉及劳工标准相关议题的内容表述尚未形成各国普遍接受的标准化条款模式主要有以下三种方式。（1）在 BITs 序言中明确提及承认国际劳工标准，序言部分提出"紧密的经贸关系有助于提高两国劳动者的福利水平及对基本劳工权利的尊重"，比如，1991 年签订的美国—波兰 BITs 中，类似的表达随后出现在 1994 年修订的美国范本中，以及以此范本为基础的美式 BITs 实践中。其后在加拿大、奥地利、日本等发达国家 BITs 实践中扩散。（2）概括性提及劳工标准。（3）未明确提及劳工标准问题，仅提及促进与保护投资与可持续发展的关系。BITs 序言是解释投资协定权利与义务条款的指导准则，不具有法律效力，不能对签约方设定具体的权利义务。在 BITs 序言部分纳入劳工标准内容，可以防止国际投资仲裁庭在解释相关条款时，片面强调并强化投资者权益的保护而忽视环境保护、劳工保护等东道国权益和利益相关者的利益。鉴于 BITs 序言不具备法律效力的局限性，美国等发达国家开始在投资条约正文设立独立劳工标准条款的实践探索，以实现 BITs 在维护和确认劳工标准的功能。

BITs 劳工标准独立条款模式实践呈现出显著的国家异质性，各国 BITs 实践中关于劳工标准独立条款名称与具体表述方式均不尽相同。只有美国、日本、奥地利等少数国家部分 BITs 实践中设置了独立的劳工标准条款。美国具备良好的经济基础和完善的法制优势，且主要以投资者的身份出现在跨国投资活动中，通过建立双边投资协定范本，规范指导与其他国家的 BITs 谈判，可以使其范本在被各国认可的基础上成为国际投资治理规范。在此过程中，许多国家开始修订 BITs。美国自 1982 年起着手将 BITs 理论研究付诸实践，20 世纪 90 年代前，各国 BITs 实践中均未对劳工条款有所规定。自 1994 年起，美国签署的所有双边和多边 FTAs 中均包含了劳工标准条款。其中最具示范性的为美国 BITs 缔结政策的改变，在 2004 年范本中继续沿用了此种模式，同时增添更新了部分内容以适应国际投资环境变化。美国在 2012 年版范本中细化了对投资活动中劳工标准治理，与 2004 年版范本相

---

① 汪玮敏. 双边投资协定中的劳工保护条款研究 [J]. 国际经贸探索，2015（4）.

比，涉及劳工标准的条款由 3 增加至 5 条，细化了劳动者可接受的工作种类、时长、薪资和成立工会等劳动保障条件的规定，并详细规定了缔约双方对因劳工标准产生争议解决期限和方式。在强调投资保护和自由化同时对劳工保护条款进行了相应的明确与细化，扩大了缔约方的劳工保护义务。通过将劳工标准条款纳入 BITs 范本，将其与国际贸易挂钩。

首先，详细规定了劳工保护，进一步强化了缔约方保护劳工权利的义务。采用的模式是"序言 + 投资与劳工专门条款"。① 重申了作为国际劳工组织成员国在维护劳工保护标准所做出的承诺和承担的义务。明确提出"实现经济发展与提升劳工权益保护标准相一致的目标"。在正文细化了劳工保护条款的内容，将保护劳工标准的适用范围扩大到国内法的执行上。比如，新增的第二款规定，东道国不得为达到吸引外资的目的"弱化或减损"国内劳工保护的立法宗旨和目的，不得为达到吸引外资的目的消极执行现有国内法，应积极进行国内法优化实践。其次，明确劳工保护范围。2012 年BITs 范本规定了保障劳动环境，强化"四项核心劳工权利"，并新增了消除雇佣与就业歧视的情形。范本中进一步细化了国际投资中涉及劳工标准争端的磋商形式、时间等磋商程序和内容，② 提升了磋商程序的可操作性，为劳工权益保护提供了程序上的规范与保障。最后，范本提出应赋予公众参与劳工标准条款的机会，扩大了公众对劳工问题的参与，充分维护了公共利益。

2013 年启动的中欧双边投资协定谈判中，缔约方不能弱化或减损国内劳工立法，或放松核心劳工标准以鼓励 FDI，是欧盟的主要谈判目标之一。国际投资仲裁中涉及劳工标准相关议题的案件日渐增多，但与实质条款、程序条款相关议题引起的仲裁案件相比，涉及劳工标准相关议题的 ICSID 仲裁案件数量相对较少，但投资者可能提起由劳工标准相关议题的国际仲裁，预期对东道国国内相关标准的改进产生影响。

BITs 作为发展中国家吸引外资、融入全球经济的重要法律框架，早期基本未涵盖劳动标准条款。自 1982 年与瑞典签订首项双边投资协定以来，截至 2021 年底，中国已签订并生效 104 项 BITs。中国已签订并生效的 BITs对于劳工标准议题的处理主要表现为以下两种形式。

---

① 第 13 条：投资与劳工标准。
② 签约方可就劳工条款下任何事由向另一方递交磋商书面申请，要求进行磋商。另一方应在收到协商请求后三十天内答复协商请求。此后，双方应协商并努力达成双方满意的解决方案。

第一种未在 BITs 中任何部分以任何明晰方式涉及对劳工标准相关议题任何表述。中国在 2010 年前的 BITs 实践中一直没有以任何明确方式涉及劳工标准相关议题。1985 年生效的中国与泰国 BITs 第八条第（三）款规定，"在同一区域内第三国或多国旨在促进经济、社会、劳务、工业或货币方面等具体项目范围之内进行地区性合作的任何安排"；① 1985 年中国与新加坡签订的 BITs 第五条第（二）款规定，"在同一地理区域内的第三国或其他国家意在专门项目范围内进行经济、社会、劳务、工业或金融领域的地区性合作的安排"。②

第二种是在条约序言中隐含涉及劳工标准议题。近年来中国新的 BITs 实践中开始尝试在序言部分涉及可持续发展等更广泛的议题，比如 2011 年生效的中国—乌兹别克斯坦双边投资协定中，序言部分增加了"在平等互利的基础上相互鼓励、促进和保护的投资将有助于激发投资者的商业积极性，并将促进缔约国双方的经济繁荣""通过加强缔约双方合作，促进经济的稳健和可持续发展，提升缔约双方国民的福利"的内容；③ 2012 年签订的中国—加拿大双边投资协定序言部分明确"签约双方一致认可鼓励促进投资需要以经济社会可持续发展为前提"；④ 2013 年签订的中国—坦桑尼亚双边投资协定在序言中提出"鼓励投资者践行社会责任""促进稳健和可持续发展"；⑤ 2012 年的中日韩三国缔结的中日韩投资协定序言中提出"认识到在不降低对健康、安全和环境的普适措施下也可实现相互促进、便利及保护投资以及投资的逐步自由化，将有助于激励投资者经营积极性和增进缔约各方经济繁荣目标""投资者遵守投资活动所在地的法律法规的重要性"。⑥ 第二种方式序言中虽未明确提出劳工标准问题，但其中也表达了投资者遵守缔约一方国内劳工立法的重要性及通过社会责任履行，使投资与经济繁荣同社会发展相协调等内容。

---

① http：//tfs. mofcom. gov. cn/article/h/at/200212/20021200058413. shtml.

② http：//tfs. mofcom. gov. cn/article/h/at/200212/20021200058420. shtml.

③ https：//investmentpolicy. unctad. org/international-investment-agreements/treaty-files/3357/download.

④ https：//investmentpolicy. unctad. org/international-investment-agreements/treaty-files/3476/download.

⑤ https：//investmentpolicy. unctad. org/international-investment-agreements/treaty-files/5488/download.

⑥ http：//tfs. mofcom. gov. cn/article/h/at/201405/20140500584816. shtml.

随着中国"一带一路"倡议的推进，在与有关的投资合作已取得显著成效，越来越多的国家通过"一带一路"倡议与我国展开经贸合作。由此可见，各国在其 BITs 中纳入劳工标准条款是不可避免的趋势。

2. 环境保护议题 BITs 实践

全球生产分割的经济模式一方面成为许多国家发展的重要驱动之一，另一方面也伴随着对东道国环境可持续发展的减损，加剧了跨境环境治理的难度，即使在不同完善程度的法制环境管辖与规制下，外商投资仍需以对环境负责的方式在东道国生产经营。国际投资与环境保护之间的冲突直接表现在国际投资争端中。自 2012 年以来，涉及环境问题的仲裁案件大量产生，超过 60 个投资争端案件涉及环境保护相关问题。鉴于国际投资与环境保护的联系和冲突，大部分投资条约包含了环境保护相关内容，少数投资条约将环境保护议题纳入条约中独立的可持续发展或负责任商业行为的条款，以规制与投资有关的环境保护问题。国际投资与环境保护之间的冲突与平衡最直接地体现在投资条约的条款设计与内容规制上。通过条约的设计与内容规制，可以明确环境保护问题在投资条约中的地位和价值。东道国可以在投资争端中以环境保护作为行使规制权力的合法依据。随着国际投资导致的环境问题日渐增多，全球环保意识的增强促使经济发展水平各不相同、环境保护基础参差不齐的国家一方面尝试强化环境保护的管制政策空间，另一方面，开始尝试在 BITs 实践中贯彻环境保护意识，对环境和可持续发展负责的投资促进条款成为 BITs 实践中的新趋势（Yamaguchi，2020）。2017 年以来，全球签订的 IIAs 中纳入大量包含明确的有关可持续发展导向的条款。因此，投资条约是国际投资与环境保护之间密切的连接点。关注于投资条约中的环境保护概念、标准和规制，以及投资条约引起的环境保护争端，是国际投资与环境保护之间联系的必然结果。[1]

早期 BITs 实践中并没有明确对"环境保护"的内容与范围进行界定，此后，《与贸易有关的投资措施协议》的第三条纳入了《关税及贸易总协定（1994）》第二十条的环境例外条款。[2] 1998 年签订的美国—玻利维亚双边投

---

[1] https：//m. thepaper. cn/baijiahao_18071107.

[2] http：//tradeinservices. mofcom. gov. cn/article/zhishi/jichuzs/201805/60956. html.

资协定中也在序言中涉及环境保护相关内容，规定"鼓励和保护投资，包括在投资问题上的经济合作，对经济发展的刺激，促进对国际公认的维护健康、安全和环境措施的重视程度"。①

"环境"议题相关表述自 20 世纪 80 年代中期以来开始出现在 BITs 实践中，一半以上涉及环境相关议题 BITs 是 2005 年以后新签订的。各国在 BITs 实践中对环境保护条款的设定和阐释也存在差异。整体看来，环境保护条款在不断明确和细化。各国 BITs 实践中涉及环境保护相关内容主要演化出在三种模式：（1）序言方式；（2）例外条款；（3）独立的环境保护条款。

以将环境保护作为外商投资实现目标纳入序言是 BITs 实践中涉及环境保护相关内容的最常见呈现方式，但由于序言条款往往阐述的是投资协定的背景与基本情况，对于环境保护相关内容规定宽泛笼统、约束性不强，不具备较强的法律约束力，表现的是签约双方实现环境保护和可持续发展的愿望。实践中，BITs 的主旨更多体现在独立条款的设计与内容安排上。序言式的环境保护条款仍为出现环境保护相关投资纠纷提供了解释凭据，也为今后缔约双方 BITs 质量提升提供有益的参考。BITs 中设定不同的条款形式和内容，明确与环境保护有关的权利义务，既体现了缔约双方对环境问题的态度，引导了可持续发展性国际投资的发展，又为环境保护提供了法律保障，在发生争端时有据可循。2002 年生效的日本—韩国双边投资协定在序言中规定环境相关议题，即"为一方投资者在另一方境内创造更有利的投资便利化条件，进一步促进投资，加强两国之间的经济关系，不得以减损普遍适用的卫生、安全和环境措施为代价"，并规定了环境例外条款。② 2004 年的加拿大范本、③ 2004 年修订的美国范本④以只在序言中提及的单一方式规范双边投资中的环境保护内容，但仍对后期全球 BITs 环境保护条款实践产生了深远影响。

相对于将环境保护纳入序言这种松散的外资监管方式，一般例外条款则允许各国保留更大的政策空间从而使各国以更大的监管灵活性应对新情况。全球经济快速发展与不确定性风险并存，现有技术很难预测未来所有的环境

① https：//investmentpolicy. unctad. org/international-investment-agreements/treaty-files/463/download.

② https：//investmentpolicy. unctad. org/international-investment-agreements/treaty-files/1727/download.

③ https：//investmentpolicy. unctad. org/international-investment-agreements/treaty-files/2820/download.

④ https：//investmentpolicy. unctad. org/international-investment-agreements/treaty-files/2872/download.

挑战。由于无法预料环境问题的可能后果，缔约国可获得的合法目标范围受到了限制。例外条款则可以指定不受投资要求影响的环境保护主题，例如生物多样性，濒危物种，有毒有害化学物质扩散等。此外，为了更实际地解决问题，可以将出于环境原因而采取的措施排除在某些投资领域之外，例如：为了防止东道国因采取环境措施而被控间接征收，2012 年修订的美国范本第十二条规定：缔约双方承认通过减损国内环境保护来鼓励投资的行为是不适当的；各方均应确保其不以减损国内环境保护的方式鼓励外资；缔约方可以采取、维持或执行其认为可以让境内投资活动方意识到环保重要性的措施。2004 年生效的新加坡—约旦 BIT 第十八条一般例外中规定"缔约双方之间不得以构成任意或不正当歧视手段的方式实施此类措施，或对投资者在缔约方领土内进行变相限制；本条约中的任何内容均不得解释为阻止某一方采取或执行以下措施：为保护公众道德或维持公共秩序所必需或为保护人类和动、植物的生命或健康所必需"。①

1985 年签订的中国—新加坡双边投资协定中的第十一条禁止和限制条款中的内容规定"不应以任何方式约束缔约任何一方为保护其根本的安全利益，或为保障公共健康，或为预防动、植物的病虫害，而使用任何种类的禁止或限制的权利或采取其他任何行动的权利"。② 这被普遍认为是中国 BITs 实践对于环境保护相关议题最早做出的实践探索。虽然该条款更多地从投资者保护而不是环境保护的角度要求东道国承担国内保护公共利益的责任，但是"保护公共健康""保护根本安全利益"这些词语的外延也包含了环境利益。2011 年生效的中国—乌兹别克斯坦双边投资协定第六条第三款中规定"缔约一方为合法公共福利目的而采取的非歧视管制措施，例如公共卫生、安全和环境，不构成间接征用行为，除非缔约一方采取的措施严重超出维持相应合理公共福利的需要等特殊情况。"③ 2014 年生效的中国—加拿大双边投资协定在第三十三条一般例外条款第二款中，通过国家管理权力一般例外来确定采取环境措施的可能性，规定："只要相关措施不以武断或不合理之方式适用，或不构成对国际贸易或投资之变相限制，本协定中任何规定均不得被理解为阻止缔约方采取或维持下述措施，包括环境措施：确保

---

① https：//investmentpolicy. unctad. org/international-investment-agreements/treaty-files/1755/download.

② http：//tfs. mofcom. gov. cn/article/h/at/200212/20021200058420. shtml.

③ https：//investmentpolicy. unctad. org/international-investment-agreements/treaties/bilateral-investment-treaties/993/china—uzbekistan-bit－2011－#section_91.

遵守与本协定条款无不一致的法律法规所必要的措施；保护人类、动物或植物生命或健康所必要的措施；与保护有生命或无生命的可耗尽自然资源相关的措施"①。

2010 年签订的加拿大—斯洛伐克共和国双边投资协定中表明采用《关税及贸易总协定》第二十条的方式呈现环境例外条款。② 环境例外条款在为各国提供了更大的政策空间来解决环境问题的同时，不涉及违反某些国际投资义务的风险；已有的国际投资条约实践中，环境保护例外条款最常出现在"征收、征用"条款和"履行要求"条款中，最新《美国－墨西哥－加拿大协定》（以下简称为 UAMCA）第十四章的征收部分也有类似规定。UAMCA 对环境保护问题有重要的修订，协议将继续减少投资壁垒，使投资者获得不低于本国投资者待遇；环境条款不再是协定中的边缘条款而是核心条款，使条款义务的履行更有强制力，在争端中具有与其他条款一样的执行力。该协议还将建立利益相关者和公众的参与程序，如果认为没有达到承诺要求，可以直接对政府提出意见。此外，该协议将更细致地对环境部分进行规制，具体包括对非法捕鱼、有害的渔业补贴、合理规划渔业、长期保护海洋生物、保护动植物和生态系统等做出规定。总体来说，USMCA 将环境保护问题纳入协定投资促进内容的核心，将详细具体的环境保护条款纳入了条约投资保护之中。③

仲裁庭通常对其他例外条款进行限制性解释。各国对于例外条款的规定差异也会导致在采取环境措施时困难重重。环境例外条款的制定与解释应当符合利益平衡的理念并关注东道国社会公共利益的实现，从而为缔约国的外资管治权提供灵活、自治的空间环境专门条款规定了缔约方实体的权利义务关系，多以"环境措施"或"健康、安全和环境措施"为题，并且渐渐成为许多国家对环境保护条款设置的新模式。NAFTA 设置的环境保护独立章节也为后来 IIAs 实践中以独立条款方式呈现国际投资中的环境保护相关议题提供了借鉴，UAMCA 进一步延续了 NAFTA 中独立环境保护条款的规定，并设置了更高的标准，强调缔约双方不应为追求投资促进与保护而减弱或降低环保标准。环境保护独立条款一方面规定了东道国享有采取环境保护措施

① https：//investmentpolicy. unctad. org/international-investment-agreements/treaty-files/3476/download.

② https：//investmentpolicy. unctad. org/international-investment-agreements/treaty-files/634/download.

③ https：//m. thepaper. cn/baijiahao_18071107.

的权力，另一方面也规定了东道国有不得降低环境标准的义务，但对投资国的约束却很少。来自发达国家的投资者具有先进的环保技术、管理经验、完善的法律规范和较高的环境标准运营经验，而这正是发展中国家或者欠发达国家东道国所欠缺的。发达国家本应承担更多的义务促进环境保护，利用其自身的优势来规范本国投资者海外投资经营行为，并给予东道国一定的环境保护支持，以缓解这种环保权利义务不平衡的状态。但现实中来自发达国家的投资者利用东道国较低的环境标准和环保措施，将高污染的产业转移至该东道国并对其环境造成损害。美国 2012 年修订的协定范本对环境保护做出了更详尽的规定，环境保护以"序言""正文""附属协议"等多种方式呈现，并引入公众参与原则。美国 2012 年版范本①在沿用 2004 年版范本中投资促进与环境保护条款的基础上，借鉴 NAFTA 中环境保护的条款内容，明确签约国通过削弱或减少国内环境法所提供的保护来鼓励投资是不适当的。签约国应制定环保法律和政策，通过切实的措施和具体途径保护环境，防止损害公共健康与安全的外商投资活动，促进动植物多样化保护。② 加拿大 2021 年的协定范本③设置了关于负责任商业行为独立条款（第十六条），明确外商投资者在东道国的生产经营应以 OECD 环境保护相关规定及东道国相关法律、法规为准则。

3. 保护伞条款的 BITs 实践

保护伞条款④又称信守承诺条款，⑤ 强调缔约国一方遵守对另一方投资者投资有关的任何承诺或义务，是投资者在东道国权益保障的重要条款之一。将东道国政府承诺置于 IIAs 的保护之下，如果东道国政府违反了投资合同中所给予的承诺，投资者即可依据 BITs 中的保护伞条款主张国际仲裁的权利。其创设目的在于允许将任何东道国违反其与投资者签订的具体投资合同的行为放在国际法层面解决。随着"投资"的含义扩大，包

---

① https：//investmentpolicy. unctad. org/international-investment-agreements/treaty-files/2870/down-load.

② 第 12 条：投资与环境。

③ https：//investmentpolicy. unctad. org/international-investment-agreements/treaty-files/6341/down-load.

④ Umbrella Clause.

⑤ Observance of Undertakings Clause.

括间接投资和财产权利在内的所有涉及"投资"的争端都有可能被纳入保护伞条款的保护范围,进而被提升到国际层面进行处理。早期,保护伞条款是发达国家用来保护本国投资者在法制环境恶劣的东道国的投资利益的方式,后来逐步演变为发展中国家投资争端解决的工具之一。保护伞条款要求东道国在涉及特定投资时承担其所允诺的任何义务,由此将东道国的合同义务及私法性质的义务纳入 IIAs 的框架范围之内。该条款使得投资者基于东道国违反合同义务而提起国际仲裁成为可能,虽然较大程度强化了东道国对外商投资者的保护义务,但实践中却是东道国吸引外商投资的常设类条款之一。

第一个现代双边投资协定,1959 年生效的联邦德国—巴基斯坦双边投资协定①首次纳入保护伞条款,随后保护伞条款在全球 BITs 实践中广泛应用。从全球范围内 BITs 来看,截至 2021 年,43% 全球范围内已签订的 BITs 中包含保护伞条款,② 2005 年全球新签订的涵盖保护伞条款的 BITs 在规模上达到峰值,达到当年全球新签订 BITs 数量的近一半,此后呈现逐年下降的趋势,即使在 2009 年、2017 年回弹至约 30% 和约 10% 的水平,但整体仍是下降趋势。2008 年之前,80% 以上的全球双边投资协定范本涵盖保护伞条款,此后至今,纳入保护伞条款的范本仅有几份。这表明,国际投资保护规则治理正从通过保护伞条款保护投资者全面利益的时代向兼顾东道国利益的新趋势转变。

全球 BITs 实践中,对保护伞条款的表述仍未达成统一的模式化内容文本,各国 BITs 实践基于投资者权益保护的核心内涵衍生出不同的表述方式。典型的保护伞条款的规定为"任意一方缔约国都应当履行对另一缔约国投资者与投资相关的任何承诺或义务。"③ 保护伞条款可以有效防止东道国违反其 BITs 中对投资者权益保护的承诺履行义务,但是其模糊的文本定义使得该条款在仲裁实践中因扩大解释而导致投资者过度保护、侵蚀东道国规制权、东道国国家公共利益保护不力的不良后果。因此,近年来保护伞条款被纳入 BITs 及其他形式的投资条约的数量和频率均呈现下降趋势。

---

① https：//investmentpolicy. unctad. org/international-investment-agreements/treaty-files/1387/download.

② https：//investmentpolicy. unctad. org/international-investment-agreements/iia-mapping#section − 77.

③ http：//www. mofcom. gov. cn/aarticle/zhongyts/ci/200207/20020700032198. html/.

各仲裁庭对保护伞条款解释方法总体而言可分为限制解释、扩大解释以及中立解释三种主要模式。

第一种是限制解释。判断保护伞条款是否可以适用于东道国违反合同约定履行义务的行为存在一定限定条件，即只有在缔约双方在 BITs 中明确约定，双方任何违约合同行为都视为违反 BITs 的情况下，保护伞条款才能适用于实体义务，将合同违约行为转化为违反 BITs 规定的对保护投资者权益的承诺。如果未将保护伞条款列入 BITs 国民待遇、最惠国待遇、外汇汇兑、征收等实体义务中，则列示于文本末尾。因此，东道国政府违反投资合同的商业的行为，不能等同转化为违反协定中其他实体条款，从而判断为违反保护伞条款。如泛化对该条款解释与无限制应用，一方面，将扩大条款范围的不确定性，加重缔约东道国的应诉负担，导致公平公正待遇等条款无效化。另一方面，如将违反商业合同义务笼统地等同于违反 BITs 义务，BITs 中实体性条款的功能也将无法发挥。对保护伞条款做限制解释，有效控制了保护伞条款滥用的可能，阻断投资者将任何商业合同争议提交国际仲裁的通道，维护东道国规制权。

第二种是扩大解释。该方式从极力保护投资者的角度诠释保护伞条款，认为保护伞条款设置的目的是使东道国政府对外商投资者的投资所有承诺不加任何限定地转化为国际投资条约义务。因此可将东道国对投资者的合同义务直接转化为双边投资协定履行义务，以吸引外商投资。对保护伞条款进行扩大解释强化了对投资的保护与促进，但同时加重了东道国承担的义务。该解释方式聚焦于保护伞条款的初衷与效力问题。其一，国际投资治理理论提倡设置保护伞条款的目的在于海外投资者权益保障。因此，即使在条款解释上存在争议，其利益归属也应属于投资者而非东道国。其二，该条款不仅适用于违反国际投资条约义务的行为，还适用于投资者与东道国合同义务的履行，投资者的仲裁申请不应区分"条约请求"与"纯合同请求"。

第三种是中立解释。在保护伞条款适用范围是否应区分"纯合同请求"与"条约请求"的问题中，产生了折中解释的方法，体现了善意解释的内涵。中立解释方式反对过度保护投资者利益，认为保护伞条款的保护作用无法延伸至国家或国有企业所签订的普通商业合同，但能够覆盖东道国以主权国家名义与投资者所做的投资合同承诺。仲裁庭指出，"国家合同"和"商事合同"共同构成"纯合同请求"① 中的"合同",② 保护伞条款并不能将任何"纯合同请求"转化为条约请求,只有"纯国家合同请求"才会产生保护伞条款的适用问题。因此,BITs 中保护伞条款有关"各方应当遵守其可能就投资所承担的任何义务"的规定,不会将国家或国有企业签订的普通商事合同违约行为上升至条约违约行为,但国家以主权身份与投资者达成的合同,属于额外的投资保护承诺。对将国家签订合同是商业行为还是主权行为的明晰界定,有助于平衡外商投资者与东道国间的权益。国际投资条约是国家代表其投资者与东道国间博弈均衡的结果,是对外商投资者的权益保护和对东道国经济、社会发展的诉求间的平衡。对保护伞条款的解释,应兼顾东道国规制权与外商投资者权益维护的平衡(Thompson et al.,2019)。

20 世纪 80 年代以来,国际投资环境发生显著了变化。在征收与国有化风险降低的同时,更加强调投资自由化以及投资的促进和保护。随着国际投资保护意识的增强,外商投资者在发生国有化、征收乃至国家或国有企业合同履行过程中的投资争端时,利用保护伞条款对东道国提起仲裁申请。近年来,随着经济和技术的快速发展,新的投资商业模式不断涌现,投资的内涵与界定逐渐扩大到各种财产和财产权、非证券类投资、合同权利以及通过行政授权取得的权利等形式的资产。政府或其所属机构遵从私法原则与外国投资者签订商事合同的现象越来越普遍。国际投资条约旨在对外商投资者实行保护,针对的是东道国政府作为公法主体,滥用公共权力干预商业合同的行为,在保护伞条款的适用对象上具体表现为东道国政府。因此,国际投资实践开始对国家享有的主权豁免开始进行限制,将国家行为区分为"国家合同"行为与当国家作为商业合同一方时做出的"商业合同"行为,使投资

---

① 指不涉及国家机构利益。

② 2004 年联大通过的《国家及其财产豁免公约》规定:"在确定一项合同或交易是否为商业交易时,应主要参考合同或交易的性质,但如果合同或交易的当事方已达成一致,或者根据法院地国的实践,合同或交易的目的与确定其非商业性质有关,则其目的也应予以考虑。"首先根据签订合同的事实,对合同的性质和订立合同行为的性质做出判断,如果认定是非商业性质的,直接认定为主权行为;如果认定是商业性质,再审查合同中有无约定履约的目的或者根据法院地国的国内法对合同目的进行判断,仍认定是商业性质的,那么它就是商业行为,反之就是主权行为。在无法量化的各种因素交织在一起,国家行为兼具商业因素和主权因素时,《管辖豁免公约》做了折中处理,但由此抽象出一个判断国家商业行为的普世标准仍有困难。界定国家行为性质需在个案分析的基础上,通过对行为要素的具体分析,评估各要素对行为结果的影响来公正地权衡、判断。

者可以依据其与国家或国有企业签订的商业性投资合同中的争端解决条款寻求合同救济。签订 BITs 的缔约双方希望通过其中的争端解决条款来约束缔约一方对另一方外商投资所承诺的权益保障义务。如果将保护伞条款适用于外商投资者与国家及其各级机构或国有企业间的任何合同，外商投资者可依据保护伞条款，对导致东道国不能履行或不完全履行合同义务向国际投资争端解决机构提起仲裁申请。因为不加区分东道国违约行为的性质、原因与严重程度，将加重东道国负担，降低东道国签订高质量 BITs 的积极性，甚至退出国际投资仲裁机制。因此，近年来对于保护伞条款所涵盖的合同义务是否包括商业合同义务的问题，部分 BITs 进行了明确的规范界定，只有东道国政府采取的是干预"国家合同"性质的行为，才构成对国际法的违反。

通过区分两种合同行为的性质，对保护伞条款的适用范围进行合理限制，一方面，防止东道国滥用公权使投资者无法通过东道国司法程序获得公正救济，另一方面，抑制外商投资者滥用国际投资条约中的争端解决机制，也兼顾了东道国的规制权。

1999 年生效的中国—巴巴多斯 BITs[①] 中首次纳入保护伞条款，截至 2021 年底，中国共与 105 个国家签订了 BITs，[②] 其中 37.1%（共 39 项）包含保护伞条款。21 世纪以来中国双边投资协定的实践中，与 33 个国家签订或修订的 20 项 BITs 中包含保护伞条款，即 61% 的 BITs 涵盖了保护伞条款的核心内涵。

我国早期签订的 BITs 中保护伞条款限制较多，保护伞条款的加入增强了投资者对我国信守合同承诺的信心，有利于营造稳定的投资氛围，体现了我国对外商投资权益保护的责任担当。此外，近年来，我国从资本输入国逐步向资本输出国转型，新签订或签订的 BITs 中对保护伞条款生效和适用的限制越来越少，表述相对宽泛。保护伞条款功能的设计初衷逐步向为我国海外投资提供救济工具转型。中国 BITs 中实践中除了对保护伞条款生效和适用条件进行限定表述以外，在文本表述方面也存在差异，一方面表明我国同签约伙伴国普遍受到宽泛的条约义务履行约束，另一方面

---

① https：//investmentpolicy. unctad. org/international-investment-agreements/treaty-files/4904/download.

② http：//tfs. mofcom. gov. cn/article/Nocategory/201111/20111107819474. shtml.

也显示出我国在 BITs 实践初期注重甄别签约伙伴国的国别风险，并结合我国在国际投资中角色的转变和对 BITs 的功能需求的转变，调整保护伞条款的设计与内容。

我国 BITs 保护伞条款实践以全球 BITs 实践中的经典表述或基于经典表述方式的轻微调整表述为主，可以归纳为两种表达方式。一种是"缔约任何一方应恪守其就缔约另一方投资者在其境内的投资所承担的任何其他义务"，如 2003 年修订的中国与德国双边投资协定第十条第二款规定。另一种是"缔约任何一方应恪守其与缔约另一方就投资所做出的任何特别承诺"，① 如 2004 年修订的中国与芬兰间双边投资协定第十一条第二款之规定。② BITs 条款设计实践中的"任何其他义务""任何特别承诺"表述涵盖了东道国政府或国有企业作为合同法主体与外商投资者签订的合同，以及东道国政府对外商投资者所做的单边承诺。东道国政府未能或不完全履行这些单边承诺的行为属于主权违约行为，而非商事违约行为，其在性质上与干预"国家合同"的行为一样，极易被国际仲裁庭认定为违反保护伞条款。

我国 BITs 保护伞条款实践存在一定程度的区域不平衡。从签约伙伴国的区域分布来看，截止到 2022 年 6 月，我国设置保护伞条款的 39 项 BITs 中 41% 是与西欧的发达国家签订的，32% 是与其他亚洲国家签订的，而与东欧、南美、西亚、非洲等国家签订的 BITs 中几乎不能体现保护伞条款实践。"一带一路"倡议实施以来，我国对沿线国家累计直接投资 1398.5 亿美元，海外投资规模不断扩大，结构逐步优化，投资方式创新层出不穷。③ 2021 年，我国企业在"一带一路"沿线对 57 个国家非金融类直接投资 203 亿元人民币，同比增长 6.7%，占同期总额的 17.9%，较上年同期上升 1.7 个百分点，主要投向新加坡、印度尼西亚、马来西亚、越南、孟加拉国、阿拉伯联合酋长国、老挝、泰国、哈萨克斯坦和柬埔寨等国家。④ 在"一带一路"沿线国家设立境外企业超过 1.1 万家，2020 年当年实现直接投资 225.4 亿美元，同比增长 20.6%，占同期流量的 14.7%；年末存量 2007.9 亿美元，占存量总额的 7.8%。⑤

---

① http://tfs.mofcom.gov.cn/aarticle/h/au/200405/20040500218063.html.
② http://tfs.mofcom.gov.cn/aarticle/h/au/200504/20050400033864.html.
③ 江苏一带一路网，http://ydyl.jiangsu.gov.cn/art/2021/10/12/art_76282_10056268.html。
④ http://fec.mofcom.gov.cn/article/fwydyl/tjsj/202201/20220103239004.shtml.
⑤ http://hzs.mofcom.gov.cn/article/date/202110/20211003207274.shtml.

　　然而,"一带一路"沿线国家在政治稳定性、政府效能、主权信用风险、社会风险等方面表现参差不齐,部分"一带一路"沿线国家国别风险显著。我国与"一带一路"沿线国家签订的 BITs 涵盖完备的公平公正待遇、国民待遇、最惠国待遇等投资待遇条款,但保护伞条款的实践状况尚存较大改进空间。"一带一路"沿线中,除以色列、新加坡等国家之外,大多为发展中国家,经济发展不平衡,总体发展水平偏低,政治经济环境不确定性较高,法制环境不完备,我国对外投资企业面临的政治、经济、制度不确定风险成为主要投资障碍。[1]

　　中国在与"一带一路"的国际投资合作中承担着重要的资本输出角色,我国与这些带路沿线发展中国家缔结 BITs 时间相对较早,多数未涵盖保护伞条款。因此应在新签订或修订 BITs 时,应辨识东道国投资风险,并以此为依据设计保护伞条款以降低投资成本。在与带路沿线发达国家签订或修订的 BITs 中,大部分均涵盖保护伞条款,其中对于条款的适用范围多采用宽泛的表述方式,如 2003 年修订的中国—德国双边投资协定第十条第二款的规定。2007 年修订的中国—韩国 BITs 第十条其他义务条款规定,"缔约任何一方应恪守其与缔约另一方投资者就投资所做出的任何承诺。"[2] 涵盖商事合同的义务的同时,也将国家做出的单方面承诺义务涵盖在适用范围之内。为了减少东道国应诉成本,将单边承诺排除在保护伞条款的适用范围之外,建议将此类条款"纯合同义务"限制在"商事合同义务"之内。2010年以来,在我国与带路沿线的 BITs 实践中,出现了新型保护伞条款,条款明晰界定了签约方违反商业合同是否属于违反投资协定,如 2011 年签订的中国—乌兹别克斯坦双边投资协定第十三条第二款、第三款规定,缔约任何一方应恪守其以协议、合约或合同形式与缔约另一方投资者就投资所做出的书面承诺,但缔约一方违反在商事性质的合同下所承担的义务不应被视为违反本协定。[3] 学术界和 BITs 实践至今仍在探索兼顾东道国与投资者利益保护与公平公正的对于保护伞条款的解释方法,但认为能形成统一标准。

---

① http：//www. dg. gov. cn/dgsmch/gkmlpt/content/3/3428/post_3428930. html#1540.

② http：//tfs. mofcom. gov. cn/article/h/at/201811/20181102805372. shtml.

③ http：//tfs. mofcom. gov. cn/article/h/au/201111/20111107819500. shtml.

第4章 理 论 机 制

4.1 BITs 质量对海外投资权益
保障的成本约束效应

BITs 是基于保护国际直接投资权益的法律保障，其核心内容在国民待遇、最惠国待遇、投资者—国家争端解决机制、信息交换以及协调和简化的双边投资活动条款等方面保持高度一致，极大地促进了国际投资的发展。国民待遇和最惠国待遇最有利于消除投资障碍，减少交易成本，交易成本的降低会促进东道国中间产品贸易发展。市场准入要求与投资门槛的放宽使得跨国生产链条不断延长，从而促进跨国公司全球生产布局的不断优化发展。信息交换以及协调和简化的双边投资活动条款能有效降低投资壁垒，提升外商投资效率。投资者—国家争端解决机制允许投资者对东道国国家违反投资协定的行为提起诉讼，为投资国公平、安全地进入国际市场提供重要保障，从而降低投资的不确定性。投资成本的降低、投资环境的改善和投资不确定性的降低提升了东道国吸引外资的能力，本土企业可通过以跨国公司为载体融入国际化生产活动带动本地中间品贸易的发展，从而带动跨国投资发展。

发达国家与发展中国家在通过双边和区域 IIAs 实现全球投资包容性增长和经济可持续发展方面已形成共识。BITs 实践开始越来越多地关注环境、健康和公共卫生的可持续发展相关议题条款。

以往的研究通常会忽略 BITs 的谈判、签订和修订的缔约成本。由于早期 BITs 具有相似的结构和内容，因此这种假设方法具有一定的合理性。然而，随着全球资本要素加速发展，投资协定的更新变革速度加快，从而导致新一代投资协定与旧投资协定存在较为显著的差异。BITs 的文本质量差异主要包含投资定义、负面清单、准入前国民待遇、争端解决机制、国民待遇、知识产权保护、社会责任等关键条款设计，这些关键条款设计对企业的海外投资会产生较大的影响程度差异。签订了包含国家争端机制、征用、负面清单管理等在内的高质量文本的 BITs 更加有利于保障双边投资，从而促进企业的海外投资意愿与经营效率。因此，在 BITs 实践中，BITs 存在以下两方面的成本。一方面，谈判磋商的时间和机会成本。从截止到 2022 年 6 月我国已经签订的 BITs 缔约实践可以看出，从协商到签订、正式实施，一般周期长达数年。谈判磋商中拟涵盖的新一代 IIAs 中，可持续发展相关议题条款越多，缔约耗费的时间和人力成本越高；谈判磋商过程中越聚焦于两国间外商投资具体权益保障特点与东道国外资监管特点，缔约耗费的时间和人力成本越高。另一方面，除了 BITs 谈判的成本，缔约双方为适应 BITs 条款而对国内已有 BITs 规则的梳理、整合、协调也需要较高的时间和人力成本。缔约国间国内法制体系和环境质量差距越大，缔约耗费的人力和时间成本越高。结合东道国制度环境因素，BITs 对外商投资企业在海外投资的影响还可能通过以下两种机制形成。

第一，BITs 为母国政府合法介入投资争端，维护母国企业合法利益提供了机会。海外投资行为一旦发生，跨国公司就与东道国政府之间形成了一系列显性或隐性契约。东道国政府不但是缔约方，东道国政府可以凭借属地管辖权和行政权制定或者调整对外资的政策对跨国公司行为进行干预，而跨国公司无法单纯依靠自身力量化解东道国滥用行政权所引致的政治风险。参与全球开放合作、改善全球经济治理体系、对标国际高标准的 BITs 作为缔约国家间的一种高质量契约，其中的无差别待遇条款和协商机制、准入前国民待遇、可持续相关议题条款在一定程度上可以规避这种政治风险，使企业充分相信母国对企业 OFDI 权益的保护力度。

第二，BITs 对于制度质量较差的国家相当于一个信号发送的过程，可以降低不对称信息带来的投资风险。海外直接投资沉没成本较高，跨国公司一旦在东道国形成长期投资，议价能力从母国转移到东道国，东道国政府便产生了变更跨国公司投资待遇，即通过实施各种形式的外资歧视政策获取短期利得的动机。高质量的 BITs 通过条款设计提高违约的赔偿代价，对东道国形成威慑效应来降低违约风险。首先，潜在资本输出国会通过东道国以往是否违反 BITs 中的投资自由化保护条款，来判断东道国发生违约风险的概率。其次，东道国违约后还将承担国际投资及信用评价机构复杂、耗时的调查程序产生的高额成本。再次，若东道国多次发生违背 BITs 中相关条款的行为，国际信用评级机构会降低其国家信用等级，使东道国政府国际声誉受损。最后，东道国还有可能因违背 BITs 条款义务，损害跨国公司在东道国的权益而被索取巨额赔偿（insurance of compensation）。相对于潜在海外投资者，受吸引 FDI 流入驱动的东道国拥有更全面的国内经济、制度和营商环境信息。发展滞后并且营商环境不透明的国家对于潜在海外投资者而言，就存在不对称信息的情况，投资者难以通过外部信息了解东道国真实的投资环境。不对称信息可能会导致逆向选择问题，将使优质的海外投资者"持资观望"。因此一个发展中国家如果需要吸引潜在的境外投资者，就需要借助向潜在海外投资者发送承诺营建外资友好型营商环境、提供全面的权益保障的有效信号来降低不对称信息带来的负面影响。

BITs 质量越高，涵盖的可持续发展相关议题条款越多，信号的可观察性越强；实体条款、程序条款和可持续发展相关议题等主要条款的内容越详细、明确，发送信号成本越高，向潜在海外投资者发送的信号可信性和有效性越高。首先，BITs 的内容是公开且具有实际操作性的，海外投资者可以获取东道国 BITs 外资权益保障的具体条款以了解东道国对外资监管的趋势。其次，BITs 的达成需要国家层面的协商，达成协定在时间、人力和调整本国外资监管制度方面都需要较大的成本，BITs 质量越高，谈判、磋商的时间成本和人力成本越高，并且达成以后单方面中止的成本很高。已签订或生效的 BITs 的非正常中止对于外界是一个显著的负面信号。如果一个发展中国家积极对接国际高标准 BITs 范本，进行 BITs 实践，说明该国对吸引外国资本流入与促进本国资本输出持积极态度，一方面会为境外投资者创造较好的营商环境，另一方面，会积极为本国 OFDI 企业提供尽量全面的权益保障。

作为 FDI 的主要流入国之一，改革开放以来，我国 BITs 实践经历了对接国际前沿标准的迭代演化进程。虽然在改革开放初期，对外商投资企业而言，国内的投资营商环境与潜在外商投资母国存在很大的差异，但是我国从 20 世纪 80 年代开始启动并不断深入推进与发达国家和地区的 BITs 谈判与签署，积极的 BITs 布局与探索实践在一定程度上降低了 FDI 的投资运营的风险成本。与此同时，在营商环境仍待改进的情况下，流入我国的 FDI 多年保持稳健的增长速度，并进入更多的新兴行业。BITs 通过减少企业对外直接投资的不确定性，为企业对外直接投资提供国家层面的保护，可以降低东道国制度风险带来的冲击，对企业参与海外投资项目有积极作用。

4.2 BITs 质量对东道国法制环境完善的示范效应

高质量的 BITs 并不仅仅是保护投资，还承载投资者与东道国和投资者之间的利益平衡以及许多与投资相关的发展目标和功能。造成大量发展中国家营商环境总体水平较低的原因除了起步较晚等历史原因以外，还与营商环境方面的改革经验匮乏有关。与资本输出国类似，东道国同样具有较强的改善营商环境的内在动力。BITs 具体框架虽然大致相同，但是在具体条款设计安排、内容严格程度等细节方面处处体现着缔约国维护本国海外投资权益保护、促进海外投资高质量发展与东道国外资规制权益平衡间的诉求差异。为吸引更多国家与行业的海外投资，东道国需要与不同潜在海外投资国就涵盖的具体条款和条款内容进行磋商。东道国营商环境的实质性提升虽然并不能够完全消除潜在海外投资者的担忧以及条款内容安排等缔约细节方面的分歧，但是对于 BITs 的达成具有一定的推动作用。另外，BITs 谈判涉及大量的制度性问题，以及诸多法律细分领域，如企业的破产处理以及争端解决机制等。谈判、磋商通常需要持续数年，甚至更长的时间，因此在具体的谈判和磋商过程中，东道国往往会对本国的各项制度、法律和规章进行系统性梳理，不仅能够清楚了解到自身的不足和制度性差距，还可以充分理解潜在海外投资者关于进行对外直接投资的基本诉求。较长的磋商过程为东道国学习资本输出国在 BITs 实践及营商环境建设方面的经验提供了独特的机会。高质量 BITs 涵盖更多涉及可持续发展相关议题的条款，东道国在 BITs 实践中明确可持续发展相关目标将有利于东道国经济和社会的长期协调发展，清晰明确海外投资者权利与义务关系的条款能够产生较强的制度示范效应，促进东道国营造更好的营商环境。营商环境的改善不仅有助于东道国吸引高质量的 FDI，同时有助于完善东道国国内法治建设，实现经济、社会的整体高质量发展。

4.3　BITs 质量对海外投资二元结构的信号效应

从 OFDI 二元边际的视角，可以认为 BITs 质量对 OFDI 拓展边际有正向影响。BITs 质量的作用机制不是单向的，对于不同特征的东道国，BITs 的作用存在异质性。资本流出国以及流入国的差异，都会导致 BITs 质量产生不同影响。同时，BITs 质量对 FDI 的传导机制也得到了进一步拓展。深层次的 BITs 实践通过积极与国际高水平 BITs 范本对标，不仅会产生大量的谈判、磋商、调研等缔约成本，还会产生国内立法与治理成本，较高的缔约成本和与国内制度的衔接成本形成对东道国保护海外投资权益的有效事前约束，从而减少了由于利益冲突所产生的风险。在 BITs 实践中涵盖更多投资相关可持续发展相关议题能显著吸引相关条款密集型行业的潜在海外投资，促进企业投资的扩展边际。两国间签署的 BITs 包含的条款（特别是可持续发展相关议题条款）越多，涵盖的范围就越宽，对投资者的权益保护就越全面，就越会吸引企业向潜在的东道国进行投资，从而促进企业海外投资的扩展边际。海外投资者在进入东道国前需要进行大量的调研，以满足准入合规性要求，会产生大量为达到东道国行业准入要求的搜索成本、试错成本和合规治理成本。前沿的技术和管理制度需要高水平的营商环境才能充分发挥其竞争优势。积极与国际前沿高水平 BITs 范本对标，涵盖更多投资相关可持续发展相关议题，需要东道国国内相关法律制度进行相关的修改与协调，倒逼国内制度治理环境的优化与完善，有利于吸引具有先进技术与管理制度的跨国公司。

投资自由化的信号效应降低外商投资企业进入东道国的壁垒，能显著促进企业投资的扩展边际，但对投资的集约边际的正向激励作用则较小。这是因为，首先，签订 BITs 的行为本身就相当于东道国发出减少投资进入壁垒的积极的合作信号，这有利于突破投资壁垒，提高企业投资的自由化水平。其次，带有经济全球化因素的 BITs 作为一项法律性投资规定，还可能带来相应的投资成本，可以弱化因各国政策不同而产生的信息不对称性，从而减少企业调查分析成本。中国与东道国签署了更深层次的 BITs，能向投资人释放出东道国公司愿意长期持续地遵守合作协议的信息，进而提高了投资人的信任，也减少了投资人在投资决策上的成本，提高投资者的预期收益率。

因此，高质量 BITs 的信号效应通过降低企业进入一国的壁垒和成本、增加企业投资的利润、信心和保障等方式，促进潜在的投资者进入，从而扩大投资的扩展边际。签订 BITs 的行为本身即在向缔约国传递降低投资壁垒、支持来自缔约国投资的积极信号。这有利于突破海外投资壁垒，提供国民待遇等优惠。由于国民待遇能够使跨国投资者与国内投资者在同等的经济条件下竞争与获取利益，因而降低了跨国企业的交易成本。而且，投资协定作为一种法律性投资规定，有利于弱化国家差异带来的信息不对称性，进而降低企业在决策前期对东道国投资环境的调研分析等成本，增强对东道国政策的认知，增强投资意愿。再次，BITs 赋予了跨国企业在东道国开展相关经济活动的保障权和自由权，并通过法律的形式，以国家主权为信用担保，对保护投资者的权益做出法制化承诺。签订 BITs 表明两国间存在良好的投资合作关系，跨国企业在并购实施过程中更易获得当地政府的认可，从而有利于树立良好的企业形象，促进并购业务的顺利开展。最后，BITs 有利于获得东道国的政治风险保证，降低政治冲突带来的风险成本。在东道国发生政治冲突情况下，BITs 为跨国企业提供了政治风险保障。一方面，大多数 BITs 均规定了东道国针对外国私人财产而采取的收归国有或剥夺、妨碍其所有权的行为，从而保障了跨国企业的合法权益；另一方面，BITs 赋予了母国代位权，即在遭受东道国政治风险损失后，母国政府具有向东道国获得追债和利益赔偿的权利，从而降低了跨国企业的政治摩擦成本。

综上所述，BITs 通过传递积极信号、赋予经济活动以保障与自由、获得政治风险保证等三大渠道影响外商投资进入。同时，在 BITs 实践中积极与国际高水平 BITs 范本对接，涵盖更多的可持续发展议题，对潜在东道国产生正向的示范效应。发展中国家东道国制度环境与发达国家相比还有较大差距，通过 BITs 磋商不仅可以了解潜在海外投资者对权益保障的基本诉求，还能够清楚地了解到自身的不足和制度差距，特别是与 BITs 实践水平较高的发展中国进行 BITs 磋商的过程中，相似的发展路径和制度演进过程降低了学习的成本。潜在投资国高水平 BITs 实践的示范效应有利于更明晰地向东道国传递跨国公司真实的权益保障诉求，降低了海外投资风险，促进了海外投资规模与扩展边际。当两国间签订的 BITs 包含的条款种类越多，涵盖的范围就越宽，对投资者的权益保护就越全面，就越会吸引外商投资企业向潜在的东道国进行投资，从而促进企业海外投资的扩展边际。但对于已经进行投资的企业来说，拓宽 BITs 保护的范围，并没有给企业带来直接的利润增长，并不能很好地促进企业投资的集约边际。

4.4　BITs质量对海外投资权益保障的契约执行效应

受到法律制度环境影响的契约执行效率是评价一国制度质量的重要指标。良好的契约执行力为外商投资企业提供稳定的生产经营环境，减少企业在东道国经营的风险，提升生产管理效率，降低企业运营的交易成本，从而提高生产效率。由于外商投资企业东道国经营中契约环境的不完善，事前的专用性投资无法写入契约或对契约的执行力较低，那么在东道国经营过程中外商投资企业被"征收""征用"的风险较高，这就导致了外商投资的无效率。法制环境的恶化对于契约依赖度更高行业的损害更大，企业在东道国不确定的环境下将更多地降低在契约依赖程度较高行业上的投资。一方面，契约可执行程度的恶化将降低外商投资企业在契约依赖程度更高行业的潜在投资，即降低了海外投资的扩展边际；另一方面，契约可执行程度的恶化也将降低企业在契约依赖程度更高行业的潜在投资，即降低了海外投资的集约边际。

随着国际垂直专业化生产迅速发展，国际分工的趋势更多地表现为同一产品的不同生产阶段或者价值链上的不同生产环节由不同国家来完成。跨国公司在东道国进行采购、生产、销售的过程中，母国与东道国法制环境与文化的差异，使外商投资企业与当地原材料、中间产品供应商及零售商间面临着不同程度的不完全契约的问题。FDI对东道国发展的影响在很大程度上取决于外商投资者和当地企业之间的后向联系的密度、深度和性质（Javorcik et al.，2018）。法制环境质量对外商投资企业克服知识跨国流动与东道国生产结构复杂差异，与东道国企业间形成高效的一体化生产关系至关重要（Havranek and Irsova，2011），契约不完全程度不仅取决于所在国法治环境质量，还取决于行业契约依赖程度，契约依赖密集型产业的外商投资在契约制度环境较好的东道国投资经营效率较高。东道国契约执行效率对契约依赖密集型产业有重要吸引效应，有助于东道国通过引入高质量外商投资提升技术水平与经济效率。发展中国家较低的契约执行效率、烦琐的营商法规程序阻碍了外商投资企业与东道国本土企业形成一体化生产安排。高质量BITs

作为低效率东道国法制体系的替代，能够纠正并改善东道国较差的法制环境，降低东道国契约执行的不确定性风险，保障外商投资在东道国一体化生产安排的效率。

4.5 BITs 质量对海外投资影响机制的国家差异
——基于签约国间制度差异调节效应

签约伙伴国间的制度差异也会给 BITs 质量对海外投资的影响带来调节作用。新制度经济学认为制度研究是理解跨国公司投资行为的重要基础（North，1990），跨国投资受到母国和东道国双重制度结构的影响。高质量 BITs 可以规范和降低境外投资企业的信息搜索与试错成本支出，从而对企业的对外投资活动产生积极影响。但由于不同国家外资管理体制结构、制度环境的差异，BITs 质量对海外投资权益影响的方向和程度也有所差异。新制度经济学认为，制度研究是理解跨国公司投资行为的重要基础。由于不同国家制度变迁的路径和速度不同，同一时期不同国家间的制度差距在短期内难以缩小。而各国制度差距的客观存在成为海外投资经营成本和潜在风险的重要来源之一（Ginsburg，2005；Garcia-Canal，2008；Ross，2019）。东道国透明的制度环境、廉洁的政府机构和高效的契约执行效率降低了不确定性风险，为海外投资者提供了公平、高效的外资友好型营商环境，增强海外投资者在东道国盈利的信念（Dixon et al.，2016；刘晓光等，2016）。反之则加剧了海外投资者在当地经营活动的不确定性风险，使其对高质量 BITs 的需求增加。准入前，跨国公司要面对与东道国行政机构冗繁的议价过程，增加了进入的风险与成本；准入后，税率等经营政策的频繁变动会造成潜在的经济损失。东道国政治、经济不确定风险使得高质量的 BITs 为海外投资者提供了信息来源和信用保障。东道国一旦违约，除了要面对大量沉没成本和海外投资者的索赔，还要面临因信用受损导致的 OFDI 流出和潜在海外投资企业的投资延迟。成熟的海外投资者在东道国遭遇不公正待遇后，会从 BITs 中寻求相关保护条款依据，获得赔偿。因此，高质量的 BITs 通过条款设计提高东道国违约的事后成本，增强对东道国政府违约的威慑力。在两国双边直接投资规模较大的情况下，这种制度差异所引致的潜在投资成本与风险会加剧两国投资者带来潜在的不确定性。高质量 BITs 有效弥补了东道国制度环境不完善对潜在海外投资保障缺失和不足的风险，以及因东道国与母国间两种制度失衡引起的母国企业投资经营合规化风险与成本增加。来自制度环境良好的外商投资者在投资法制环境较差东道国时，可能会特别注意更高水平的感知风险，东道国由于腐败或政府不稳定等原因，法律环境较差。在东道国可能出现政治不稳定或其他政治风险的情况下，对东道国的投资金额越大，外商投资的损失就越大。BITs 作为一种促进投资的特殊机制，能够克服东道国恶劣的法制环境，特别是 BITs 中包含的投资者—国家争端解决条款，将任何未来争端的处理方式以清晰、明确的条款纳入 BITs，可以有效缓解海外投资者对潜在征收、征用风险的担忧（Hallward-Driemeier，2009）。因此，国家间制度差异会起到调节作用。如果双边投资比较大，制度差距比较大，那么两国签订双边投资协定的可能性就会更大。

4.6 BITs 质量对海外投资影响机制的行业差异

高质量的 BITs 在一定程度上弥补了契约在执行过程中的效率与风险。法制环境较差的发展中国家东道国应通过 BITs 条款设计等国际制度安排降低能长期促进经济发展的行业（比如服务业、制造业外商投资企业）的经营风险。BITs 中投资争端解决机制条款设计对 FDI 的影响存在行业差异性：固定成本越高、所需技术诀窍越多、企业所有权政治敏锐性越高的行业，在东道国投资、经营面临的直接或间接"征用"风险越大，因此签订高质量的 BITs 对吸引此类 FDI 的促进效果更明显（Hajzler，2014；Kerner and Lawrence，2014）。首先，征收风险随着投资沉没成本的增加而增加。因为对东道国政府来说，接管一项不能轻易收回的投资相对更容易，也更有利可图。房地产行业和公共事业的投资通常都是这样。例如，公共事业与房地产行业的特征是固定启动成本较高，可变成本相对较低，这使得东道国政府特别容易通过征收获得收益。其次，不可转让资产越重要，被征收的风险越低。政府确实可以征收资本，但他们无法获得更多非物质的和企业特有的生产要素，比如在许多国家显得特别重要的管理技能，政府就缺乏征收的动机。再次，在对东道国具有政治敏锐性或"战略性"的行业，征收或者政策逆转的风险更高。交通运输业通常被认为是一国政治、经济独立或者国家安全的关键。现有的经验证据表明，不同的投资行业的征收风险各不相同。同时，由于签订 BITs 而形成的征收风险的降低带来投资经营的增值也会因投资行业而产生差异，由于不同的行业因其本身的属性在抵抗外部风险能力、投资沉没成本以及专有技术水平上存在很大的差异，这使得分行业来研究 BITs 质量对中国企业对外投资二元边际的影响变得更加重要。

4.7　BITs 质量对外商投资影响的条款异质性

同时期大多数 BITs 框架基本一致，但对 OFDI 权益保障的诉求因其类型、行业特征不同而存在差异，对 BITs 质量的要求也不尽相同（刘晶，2017；Sirr et al.，2017）。BITs 的具体谈判过程和东道国对引进外商投资需求间存在一定差异，因而 BITs 通过不同的具体投资协定条款机制对外商投资产生异质性影响。一般而言，BITs 框架包含投资定义与范畴、公平公正待遇、国民待遇、最惠国待遇、征收补偿、保护伞、争端解决机制等方面的内容。具体而言，投资定义与范畴较为广泛，一般界定母国投资者在东道国的财产的相关制度问题，包括专利技术、特许权、投资便利化等；公平公正待遇、国民待遇和最惠国待遇主要规定母国企业在当地的投资待遇水平，包括投资准入等；征收补偿、保护伞主要是跨国企业在资产征收补偿和资产受损时的补偿规定；争端解决机制主要是指投资争端的解决机制和处理办法。从内容上看，BITs 从多个内在机制环节保护了母国投资，但由于各个 BITs 的具体条款具有较大的异质性，从而对 FDI、OFDI 的影响也存在较大的差异性。

通过与国际高标准 BITs 可持续发展相关条款内容设计对标，并针对东道国吸引高质量 FDI 的需求与潜在外商投资企业权益保障的新要求，及时修订 BITs 条款内容安排，界定明确、权责明晰的高质量条款内容，表明缔约国一方面向潜在海外投资者表明树立并维护高效契约执行精神的国家形象与声誉，支持和保护高质量海外投资的意愿，为海外投资提供更加稳定、透明、可预见和与时俱进的法律制度环境；另一方面向潜在东道国表明积极提升海外投资质量、通过高质量的海外投资的正向溢出效应实现与东道国互惠共赢、以此寻求对母国对外投资风险规避和全面权益保障的意愿，降低在东道国遭遇的合规化风险。深层次的 BITs 实践通过积极与国际前沿高水平 BITs 内容设计对标，在 BITs 内容设计上体现东道国吸引高质量 FDI 的行业特征与促进东道国可持续发展的经济和社会效应，同时，兼顾潜在外商投资企业进入东道国不同行业领域权益保障的新诉求。深层次的 BITs 实践不仅会产生大量的谈判、磋商、调研等缔约成本，还有因条款内容设计而协调国内相关制度的立法与治理成本，较高的缔约成本和与国内制度的衔接成本形成对东道国保护海外投资权益的有效事前约束，从而减少了由于利益冲突所产生的风险。在 BITs 实践中更多平衡缔约双方对海外投资权益保护与吸引高质量外商投资的利益诉求，能显著吸引相关条款密集型行业的潜在海外投资，促进外商企业投资的扩展边际。可持续发展议题涉及相关行业在不同国家间的产业制度安排、产业管制政策和产业营商环境等方面的较大差异。海外投资者在进入东道国前需要进行大量的调研，以满足准入合规性要求，这会产生大量为达到东道国行业准入要求的搜索成本、试错成本和合规治理成本。比如在 BITs 中涵盖环境保护条款，表明一方面该国作为东道国保护海外投资环保产业免于非清洁企业的无序低端竞争和绿色治理意识；另一方面该国作为潜在资本输出国鼓励本国绿色环保密集型企业"走出去"，为企业积极培育绿色创新与治理能力的国际竞争力提供权益保障。

第5章 高质量的 BITs 与我国海外投资风险防范

2015 年以来，中国 OFDI 规模已经超过 FDI，投资存量和流量稳居世界前三，中国资本净输出成为新常态。截止到 2020 年 12 月，中国 2.8 万家境内投资者在全球 189 个国家（地区）设立对外直接投资企业 4.5 万家，全球 80% 以上国家（地区）都有中国的投资，年末境外企业资产总额 7.9 万亿美元。[①] 2020 年末，中国 OFDI 存量的 80% 集中在服务业，主要分布在租赁和商务服务、批发和零售、信息传输/软件和信息技术服务、金融、房地产、交通运输/仓储和邮政等领域。[②]

"走出去"战略实施以来，中国 OFDI 取得了令人瞩目的成就，但也面临着诸多困难。中国企业面临的困境不仅表现在因欠发达国家（地区）的政治、经济风险造成的巨额损失，投资失败案例不断增加，还集中体现在发达国家对中国企业准入阶段的不公正待遇。"走出去"战略推动中国的对外直接投资迅猛发展。然而，企业内部和外部的不确定性因素不可避免地给企业开展国际化业务带来了风险。金融危机后全球经济增速放缓、逆全球化趋势凸显、国际经贸摩擦加剧，致使中国企业对外直接投资项目频繁受阻。国际化风险管理的框架包含三个要素：一般环境不确定性、行业不确定性和公司不确定性。此后，学者们广泛关注了整体国家风险（Iloie and Elena，2015；杨娇辉等，2015；王正文等，2018）或聚焦于国家风险的某一维度，比如制度风险（Wei，2000；Habib and Zurawicki，2002；Busse and Hefeker，2007；蒋冠宏和蒋殿春，2012；杨永聪和李正辉，2018）、主权信用风险（王旭等，2017）、社会政治风险（孟醒和董有德，2015；杨连星等，2016）等对 OFDI 的影响。在宏观风险因素的研究基础上，部分学者采用指标构建政治、

---

①② http：//hzs. mofcom. gov. cn/article/date/202110/20211003207274. shtml.

经济、市场和社会等多维宏观风险指标并采用量化评估的方法测度中国企业在东盟十国、"一带一路"沿线国家 OFDI 面临的潜在宏观风险（李原和汪红驹，2018；太平和李姣，2018）。此外，部分学者也开始关注中国 OFDI 微观层面风险，以对外直接投资企业利润率的标准差（蒋冠宏，2015）、企业资产收益率的波动性（孙焱林和覃飞，2018）测度中国企业 OFDI 面临的微观层面风险。贺娅萍和徐康宁（2018）将样本划分为"一带一路"倡议提出前和提出后两个跨时期来探究沿线国家经济制度对中国 OFDI 影响的动态差异性。

截至 2022 年 6 月，中国与许多国家签订的 BITs 从总体效果来看，质量（BITs 新内容及反映谈判、签署 BITs 新趋势的条款设计）不高、针对性较差，缺乏对新形势下中国企业海外投资面临真实障碍的充分考量，未能有效防范企业海外投资风险，已成为制约中国 OFDI 可持续增长的主要因素。尽管多边投资协定长期被国际社会广泛关注，但具有广泛约束力的全球投资协定难以一蹴而就，BITs 仍在国际投资法律制度体系中占据主导地位（刘晶，2017）。截至 2022 年 4 月，国际直接投资体系由 3219 项双边、区域投资协定组成（2652 项生效），其中 BITs 签订数已达 2794 项（2227 项生效），远超过包含投资章节的区域贸易协定的数量和规模。① 截至 2021 年 5 月底，中国已签订了 145 项 BITs，其中 107 项生效，签订数量仅次于德国，居世界第二位。其中与"一带一路"沿线国家签署了 56 项 BITs。② 以上协定按照订立时间和特征被分为四个类型，分别为 20 世纪 80 年代签订的第一代 BITs、20 世纪 90 年代签订的第二代 BITs、1998 年中国—巴巴多斯签订协定以后全面放开的第三代 BITs 以及进入 21 世纪后签订的第四代 BITs。中国已经签署的 FTAs 中，一般都设有投资保护章节，比如 2008 年生效的中国—新西兰 FTA（2022 年升级协定生效）投资保护章节内容质量较高，为两国 OFDI 提供更高水平的实体和程序保护机制。③ 截止到 2022 年 6 月，中国缔结的内容涵盖最为广泛的双边投资协定是 2014 年 10 月正式生效的中国—加拿大双边投资协定，不仅包括了 BITs 主要内容和要素，比如投资定义、适

---

① https：//investmentpolicy. unctad. org/international-investment-agreements.

② 数据来源：依据 https：//investmentpolicy. unctad. org/international-investment-agreements/countries/42/china 数据整理。

③ 沈伟. 投资者—东道国争端解决条款的自由化嬗变和中国的路径——以中国双边投资协定为研究对象［J］. 经贸法律评论，2020（3）：44－72.

用范围、最低待遇标准、最惠国待遇、国民待遇、征收、转移、代位、税收、争议解决等条款，而且对税收和金融审慎例外问题做了专门规定，一般例外条款规定了文化产业相关措施、根本安全利益例外、竞争执法信息披露例外等内容。这些例外规定在中国签订的 BITs 中都属首次出现，反映了中国 BITs 实践的新趋势。伴随中国企业在全球化进程中的日益壮大，中国签署 BITs 的基本理念也在由"强调外商投资权益保护"向"将 BITs 当作保护中国企业海外投资保护工具""兼顾东道国规制权与外商投资权益保护"转型。中国在与发达国家新签订和修订 BITs 时也更加注重对中国企业海外投资活动提供更有针对性的保护。

随着"一带一路"倡议的实施与推进，中国企业对非洲、拉丁美洲等区域的海外直接投资的比重与规模日渐增加，促进了中国 BITs 实践模式与路径的变化。中国签订 BITs 的模式也由注重南北型 BITs（中国与发达国家/地区签订 BITs）向更多发展南南型 BITs（中国与发展中国家/地区签订 BITs）转变。比如，非洲、拉丁美洲已取代欧洲，成为中国最重要的新签订 BITs 伙伴区域。1999 年生效的中国—巴巴多斯 BITs 是中国 BITs 实践立场转变的分水岭，在此之前的 BITs 实践中，对外商投资实行限制型的权益保护，以及涵盖模糊笼统的投资争端解决条款。此后的新一代 BITs 实践中，中国开始兼顾资本输入国与输出国的权益，探索如何缩短与主要投资伙伴国 BITs 保护范式与标准之间差距，通过条款设置与内容安排，赋予外商投资者更严格的全面实体性与程序性投资权益保护。通过对其他国家的投资范本的比较研究，并结合中国国际直接投资头寸的变化趋势引致的身份变化对 BITs 功能需求的可能变化趋势，2010 年 4 月中国商务部颁布了涵盖 18 个条款的双边投资协定范本草案，一方面为中国投资者在海外投资经营过程中与东道国产生的争端提供相应的制度保护和工具，另一方面，以此为基础，指导未来我国与其他国家的缔约实践，向另一缔约方传达中国 BITs 从限制型转变为自由型的实践立场。中国在这之后签订的 BITs 大多采取了这一立场。新近签署的 BITs 表明了中国正逐渐接受现代 BITs 的治理原则与条款设计框架，同时向潜在的外商投资者释放提供充分的实体和程序保护的信号，从而达到吸引更高质量的 FDI，也向本国企业做出保障其对外直接投资权益的承诺。尽管越来越多的区域贸易协定涉及投资议题，但总体来看，BITs 仍在国际投资治理体系中占主导地位。全球 BITs 规模趋于饱和，数量扩张对全球 FDI 增长的边际效应不断递减，与现有 BITs 权益保障程度普遍不高的矛盾仍较为突出。短期内切实可行的抓手仍是不断提高 BITs 质量（刘晶，2017）。为此，本章在文献研究基础上，首先从 BITs 质量视角出发，从条款设计、内容严格程度、签订的新趋势等维度提出 BITs 质量的内涵；其次，借鉴凯西和贝拉克（Chaisse and Bellak，2011）的研究思路，并考虑中国现有 BITs 的特征及其与 2012 年修订的美国范本的差距，构建 BITs 质量评价体系，进一步通过梳理中国已签订生效的协定文本计算 BITs 质量指数；最后，基于 2003 ~ 2017 年中国对 103 个国家的双边 OFDI 存量数据及其他相关变量的数据，采用泊松伪极大似然估计方法（Poisson Pseudo-Maximum-Likelihood，PPML）检验 BITs 质量对 OFDI 的影响，以及影响效应的国家差异，BITs 与东道国制度及制度距离的交互作用对 OFDI 的影响机制。

5.1　中国签订 BITs 质量测度

凯西和贝拉克（Chaisse and Bellak，2011）通过对 40 篇关于 BITs 影响 FDI 的实证研究文献的梳理，提炼出以负面清单、投资者 - 国家争端仲裁机制、征用等 11 项条款为主的 BITs 新趋势，并以此为基础提出 BITs 质量评价体系。借鉴凯西和贝拉克的评价思路和弗伦克尔等（Frenkel et al.，2018）对 BITs 中投资争端解决条款的打分方法，构建并计算 BITs 质量指数。首先，对 UNCTAD 国际投资条约数据库的 BITs 数据和中国商务部条法司的 BITs 记录进行双重检验，获得中国达成的 BITs 文本。其次，构建指数框架。本书选择投资定义、公平公正、国民待遇、最惠国待遇、转移限制、业绩要求等 13 项指标构建评价体系，测度每个 BITs 文本中新内容，反映谈判、签署 BITs 新趋势的条款覆盖情况。再次，对单项指标评分。每个单项指标的分值范围为 0 ~ 2 分，分值越高，BITs 质量越高。如果两国达成的 BITs 中没有任何一处条款或内容涉及该项指标，则得分为 0，如果 BITs 中包含该项指标的内容与美国 2012 年 BITs 范本中该条款内容越接近，其得分将越接近于 2 分（详见表 5 - 1）。最后，通过计算各单项指数的简单算术平均数获得总指数。如果中国与东道国达成的双边投资协定在第 t 年开始生效，将 bitindex 赋值为第 t 年的 BITs 质量总指数，否则取值为 0。

表 5 - 1 　　　　　　　　　　　　　　BITs 质量指数构建方法

单项指数指标	评分标准			
	0. 5	1	1. 5	2
投资定义	未包含预期利润、风险预估的封闭式条款	包含预期利润、风险预估的封闭式条款	未包含预期利润、风险预估的非封闭式①条款	包含预期利润、风险预估的开放式条款
公平公正	没有独立条款	公正与公平待遇条款	最低公正与公平待遇 + 限制条件②	最低待遇标准
国民待遇	弹性 + 限制条件的国民待遇	限制条件③ + 国民待遇	外资运营阶段国民待遇 + 除外条款④	准入和运营阶段国民待遇 + 不符措施⑤
最惠国待遇	最惠国待遇 + 限制条件	外资运营阶段最惠国待遇	最惠国待遇	准入前最惠国待遇
转移	货币性资本限制性转移 + 例外情形⑥	货币性资本限制性转移	货币性和非货币性资本⑦自由转移 + 例外情形	所有与合格投资有关的自由、迅速地汇入或汇出

---

　　① 　开放式和混合式。

　　② 　要求缔约一方不得对缔约另一方投资者粗暴地拒绝公正审理或实行明显的歧视性或专断性措施。充分保护与保障要求缔约方应采取合理及必要的治安措施以提供投资保护和保障，但在任何情况下都不意味着缔约一方应当给予投资者比该缔约国国民更优的待遇。

　　③ 　不损害东道国法律法规、对于投资的设立、并购与扩大不给予国民待遇。

　　④ 　将通过自由贸易区、关税同盟、共同市场协定或避免双重征税协定等取得的优惠待遇排除在外，于公共秩序和国家安全、国民经济发展考虑而进行的差别对待，税收安排的例外。

　　⑤ 　2012 年修订的美国双边投资协定范本（2012 U. S. Model Bilateral Investment Treaty，简称为United States Model BIT 2012）中第 14 条专门规定了"不符措施"条款，以及国家安全、金融服务等例外条款。

　　⑥ 　"遵守东道国法律"前提下，"危机例外条款""可自由使用的货币"措施。详见 2014 年生效的中国—加拿大双边投资协定第 12 条第 3 款、第 4 款（https：//investmentpolicy. unctad. org/international-investment-agreements/treaty-files/5488/download），2011 年生效的中国—乌兹别克斯坦双边投资协定第八条第四款（https：//investmentpolicy. unctad. org/international-investment-agreements/treaty-files/3357/ download）。

　　⑦ 　详见 2014 年生效的中国—加拿大双边投资协定第 12 条第 1 款。

续表

单项指数指标	评分标准			
	0.5	1	1.5	2
业绩要求		TRIMs 协议及解释清单列举的五种必须明确禁止的投资措施		广泛禁止业绩要求
征收	征收条件少于4 项 + 适当补偿	征收"四条件"① + 适当补偿	征收"四条件"+ 按最惠国待遇和国民待遇较优者的标准 + 特殊补偿	征收"四条件"+ 赫尔原则（及时、充分和有效）的补偿
透明度	其他条款中的特别规则透明度	独立条款中的法律、政策透明②	独立条款中的法律、法规、政策和部分程序的透明度③	缔约双方条约项下各种事项的沟通的联络点、人员责任明确、公开、信息提供、行政程序、复议及上诉机制
投资者与东道国政府间投资争端解决机制	用尽当地救济原则	就投资产生的任何争议均可提交国际仲裁	任何争议均可提交国际仲裁 + 限制条件④	投资争端任何一方认为通过协商、谈判无法解决并满足一定条件（三类例外⑤）时可提交国际仲裁
保护伞	位于独立条款下的"可能承诺"	位于其他条款下的"可能承诺"	位于其他条款下的"有关承诺"	位于其他条款下的"任何承诺"
金融服务		其他条款中关于金融服务的例外条款	独立条款专门规定"金融部门的审慎措施"	对金融审慎例外措施、金融服务争端解决程序、仲裁程序规定和款监管措施例外条款予以专条规定

① 为了公共利益，依照国内法律程序和相关正当程序，以非歧视的方式，给予补偿。

② 法律、政策及其文本公开提供 + 法律、政策及时、积极磋商机制。

③ 详见 2014 年生效的中国—加拿大双边投资协定第 17 条。

④ 详见 2014 年生效的中国—加拿大双边投资协定第 25 条。

⑤ 详见 2012 年修订的美国双边投资协定范本第 6 条和第 7 条，https：//investmentpolicy. unctad. org/international-investment-agreements/treaty-files/2870/download。

续表

单项指数指标	评分标准			
	0.5	1	1.5	2
税收		投资待遇条款中关于税收政策的规定	独立条款专门规定适用涉及征收的税收措施	"一般例外"模式
环境保护		序言中涉及	其他条款中关于促进可持续发展的相关要求	缔约双方承诺不通过放弃或减损这些法律的方式来作为对其境内设立、并购、扩大投资的鼓励

资料来源：笔者编制。

5.2　模型构建和数据描述

5.2.1　模型设定

本书通过设定如下计量模型来检验 BITs 质量对中国 OFDI 的影响及其影响的异质性：

$$ofdi_{it} = \beta_0 + \beta_1 bitindex_{it} + \beta_2 inst_{it} + \beta_3 bitindex_{it} \times inst_{it} + \beta_4 X_{it} + \varepsilon_{it}$$

式中，被解释变量 $ofdi_{it}$，表示第 t 年中国对东道国 i 的 OFDI 存量；核心解释变量 $bitindex_{it}$，表示第 t 年中国与东道国 i 所达成的 BITs 的质量；$inst_{it}$ 表示第 t 年东道国 i 的绝对制度水平；$bitindex_{it} \times inst_{it}$ 为 BITs 质量和制度绝对水平的交叉项；X_{it} 为相关控制变量；ε_{it} 为误差项。

5.2.2　变量选取与数据描述

1. 被解释变量

本书的被解释变量为中国与东道国间双边 OFDI 存量，用 $ofdi$ 表示（将其折算成 2005 年不变美元价格），数据来源于 2003 ~ 2017 年中国对外直接投资统计公报。

2. 解释变量选取与测度

本章通过构建 BITs 质量指数（bitindex）来测度 BITs 质量。凯西和贝拉克（Chaisse and Bellak，2011）通过对 40 篇关于 BITs 影响 FDI 的实证研究文献的梳理，提炼出以负面清单、投资者—国家争端仲裁机制、征用等 11 项条款为主的 BITs 新趋势，并以此为基础提出 BITs 质量评价体系。借鉴凯西和贝拉克的评价体系框架，和弗伦克尔等（Frenkel et al.，2018）对 BITs 中投资争端解决条款的打分方法，构建并计算 BITs 质量指数（详见 5.1 节）。

3. 其他控制变量

除了 BITs 质量，OFDI 还受到其他多种因素的影响，为提高模型的准确性，在借鉴已有研究成果的基础上，本书选取如下控制变量：$inst$ 为东道国制度，用以反映东道国制度环境，数据源自世界银行全球治理指标 WGI；dts 为东道国首都与北京之间以人口数为权重的加权地理距离，数据源自 CEPII 的 GeoDist 数据库；$hgdp$ 为以 2005 年不变美元价格为基准的东道国 GDP，用以反映东道国市场潜力；$open$ 为中国与东道国间进出口总额占东道国进出口总额的比重，用以反映两国间双边经贸联系；nr 为东道国向中国出口的燃料和矿产资源占东道国向中国总出口的比重，用以考察东道国自然资源禀赋状况；tec 为东道国专利申请水平，用以反映东道国技术禀赋状况；$hgdp$、$open$、nr、tec 数据源自世界银行的世界发展指标（WDI）数据库。

5.3 模型检验和实证结果分析

本研究的样本数据中存在大量零值，如果选择最小二乘估计方法（OLS）可能造成估计结果偏差，而 PPML 方法（Silva et al.，2006）可以较好地修正此类问题。在实证检验前，通过各主要变量的相关系数来检验解释变量间是否存在严重的多重共线性问题。表 5 - 2 中的检验结果表明，变量 $risk$ 与 $bitindex$ 之间的相关系数稍高，其他变量间的相关系数均在 0.5 以下。但 $risk$ 将作为分组标准而不出现在回归模型中，故不会对估计结果的显著性造成影响。进一步采用方差膨胀因子（variance inflation factor，以下简称 VIF）检验，VIF 平均值为 2.23，远小于 10，确认解释变量之间不存在多重共线性。

表 5 - 2　　　　　　　　　　　　　变量相关系数矩阵

变量	bitindex	inst	risk	hgdp	tec	nr	dts	open
bitindex	1.0000							
inst	-0.0080	1.0000						
risk	0.6471	0.0023	1.0000					
hgdp	0.4702	0.0483	0.3079	1.0000				
tec	0.4277	-0.0416	0.2791	0.3503	1.0000			
nr	-0.1907	0.1786	-0.2594	-0.0901	-0.2032	1.0000		
dts	-0.0374	0.1502	-0.2167	-0.3210	0.3722	0.1673	1.0000	
open	-0.1444	0.0024	-0.2444	-0.3160	0.0435	0.1962	0.3481	1.0000

　　在考虑投资连续性、东道国区域分布以及数据的可获得等因素的基础上，剔除了塞浦路斯等"避税港"国家，最后选取中国进行 OFDI 的 29 个发达国家和 74 个发展中国家为研究样本。

　　为消除异方差的影响，对各经济变量进行取自然对数的处理，各变量数据的描述性统计见表 5 - 3。本书的目标是考察 BITs 质量与中国 OFDI 的关系，而 BITs 对 OFDI 的影响通常具有滞后性，因此本书将 BITs 质量、东道国制度变量滞后二期，其他经济变量滞后一期。

表 5 - 3　　　　　　　　　　　　　变量特征统计描述

变量	样本量	均值	标准差	最小值	最大值
ofdi	1277	73.39	19.81	0	370.1
bitindex	1157	0.53	0.11	0	1.42
inst	1157	3.69	0.79	-2.53	4.60
hgdp	1287	15.94	1.86	11.57	20.16
tec	1059	9.38	1.39	6.18	13.24
nr	1210	0.16	0.15	0.004	0.57
dts	1287	5.05	1.04	1.90	7.35
open	1287	0.09	0.12	0.007	1.57
risk	1157	5.82	1.02	2.88	10.45

5.3.1　BITs 质量、东道国制度水平与中国 OFDI

表 5 - 4 中模型（1）为采用 PPML 方法的全样本回归结果。BITs 质量、BITs 质量与东道国制度水平交叉项的回归系数均为正且不显著。这说明从整体上看，BITs 质量没有对中国 OFDI 产生显著影响。未能验证 BITs 质量对海外投资权益保障的成本约束效应。可能解释主要有两点。第一，中国 BITs 质量整体偏低、实用操作性不强，国民待遇、征收、转移限制、投资争端解决机制等关键条款给予母国投资者的待遇设置了比较严苛的限制条件与操作流程，企业在海外遭遇投资障碍时，很难采用 BITs 条款维护权益。因而东道国与中国达成的 BITs 的质量是企业海外投资经营决策考虑较少的影响因素。第二，理论机制表明，BITs 质量对 OFDI 的影响存在国别特征差异，而全样本检验可能忽视了东道国间的制度和风险差异，掩盖了 BITs 质量对中国 OFDI 的真实影响。模型中其他控制变量的回归结果表明，地理距离显著抑制了中国 OFDI，中国企业倾向于向地理邻近的东道国投资以降低海外投资经营的不确定性风险。东道国市场潜力、东道国自然资源禀赋与中国 OFDI 显著正相关，说明中国 OFDI 具有显著的市场、效率寻求和自然资源寻求的动机。东道国市场开放度的系数显著为正，表明中国 OFDI 对现有出口网络的路径依赖效应。而东道国战略资产禀赋、东道国制度水平对中国 OFDI 几乎没有影响，这表明中国战略资产寻求型 OFDI 特征并不明显。

表 5 - 4　　　东道国制度水平、制度距离，BITs 质量与中国 OFDI 的 PPML 回归结果

变量	（1）全样本	（2）高风险	（3）低风险	（4）全样本	（5）高风险	（6）低风险	（7）$inst >$ 36.15	（8）$inst <$ 36.15
bitindex	0.733 (1.58)	21.94 *** (4.59)	0.575 (0.51)	0.224 * (2.43)	1.617 *** (3.44)	0.412 (0.99)	0.178 (1.04)	5.58 *** (5.91)
inst	0.162 (1.51)	−3.790 *** (4.56)	0.0990 (0.66)					
bitindex × *inst*	0.0329 (0.16)	−6.797 *** (−4.57)	−0.0653 (−0.22)					

续表

| 变量 | （1） | （2） | （3） | （4） | （5） | （6） | （7） | （8） |
	全样本	高风险	低风险	全样本	高风险	低风险	$inst >$ 36.15	$inst <$ 36.15
dif				-0.114 *	-1.219 **	0.102	-0.344	-2.045 ***
				（-2.26）	（-2.80）	（1.16）	（-0.43）	（-6.26）
$bitindex \times dif$				0.316 **	1.817 **	0.171	0.209	2.134 ***
				（2.38）	（2.70）	（1.20）	（4.82）	（9.01）
样本量	881	520	361	921	546	375	334	587
R^2	0.49	0.56	0.59	0.51	0.58	0.59	0.56	0.52
Pseudo log-likelihood：	-671.029	-578.99	-422.65	-708.59	-538.32	-647.53	-533.05	-428.12

注：***、**、* 分别表示在 1%、5% 和 10% 水平下显著。

5.3.2　BITs 质量对 OFDI 影响的国家差异

为准确检验 BITs 质量对中国 OFDI 影响的国别特征差异，本书采用美国政治风险服务集团国家风险指数（ICRG）测度东道国国家风险，将样本期间中国国家风险指数取中位数，将同期该指数的中位数高于中国（$risk \geqslant 6.16$）的东道国作为低风险国家样本，其他东道国（$risk < 6.16$）作为高风险国家样本。① 下面将按上述分类标准进行进一步的分组回归。

表 5-4 中模型（2）、模型（3）分组检验的结果表明，BITs 质量显著促进了中国 OFDI，并且这种促进作用存在明显的国别差异，BIT 质量对我国向制度环境较差的高风险东道国投资的促进作用更为显著。模型（2）对高风险国家样本的检验中，东道国恶劣的制度环境显著抑制了来自中国的 OFDI，BITs 质量显著促进了中国 OFDI 流向风险较高东道国，BITs 质量与东道国制度水平的交叉项的回归系数显著为负，表明 BITs 质量有效地弱化了东道国制度水平对中国 OFDI 的抑制作用，这种弱化效应在高风险国家更强。BITs 质量对海外投资的影响机制是存在国家差异的。比中国制度环境相对较差的东道国，经济、法律、产权保护等方面的政策连贯性差，契约执

---

① 该指数取值在 0~12 之间，数值越大，风险越低。

行效率低，而上述制度缺陷会降低 OFDI 预期利润。通过与中国达成相对较高质量的 BITs，在条款和内容设计上明确海外投资者在东道国投资经营的条件和权利义务，某种程度上弥补了东道国制度缺陷造成的引资能力不足，促进 OFDI 流入。模型（3）对低风险国家样本组的检验中，BITs 质量、东道国制度水平的回归系数均为正，两者交互项的回归系数为负，均不显著。这表明制度水平、BITs 质量对中国向制度水平相对较高的东道国投资的作用不显著，且二者并不存在交互作用。低风险东道国制度水平较高，经济、法律、产权保护规则健全完备，政策连贯性强、执行效率高，滤除了企业在东道国投资经营中可能遭遇的不确定性风险，高质量的 BITs 弥补制度缺陷的机制无法发挥作用。另外，投资准入壁垒是中国战略资产获取型 OFDI（主要动机是获取知识产权、品牌等战略资产）向低风险东道国投资遭遇的主要障碍，而样本期间中国与低风险东道国达成的 BITs 均不包含准入条款。

分组回归中，东道国市场规模、地理距离、市场开放度回归系数的符号和显著性未发生实质性变化。在低风险国家样本组中，战略资源禀赋对中国 OFDI 的影响显著为正，表明技术寻求是中国企业向低风险东道国投资的明确动机。自然资源禀赋在高风险国家样本组中对中国 OFDI 的影响显著为正，验证了中国企业向高风险国家的投资具有自然资源供应市场寻求驱动的特征。

5.3.3 制度距离、BITs 质量与中国 OFDI

表 5 - 4 中模型（1）至模型（3）结果表明，BITs 质量有效地弱化了东道国制度水平对中国 OFDI 的抑制作用。国家间的制度差异也会对 BITs 带给 FDI 的影响产生调节作用。跨国投资嵌套在母国和东道国的双重制度结构中。新制度经济学认为，制度研究是理解跨国公司投资行为的重要基础。由于不同国家制度变迁的路径和速度不同，同一历史时期不同国家的制度距离在短期内难以缩小。而各国制度差距的客观存在成为对外投资的投资成本和潜在风险（Ross，2019）。在两国双边直接投资规模较大的情况下，这种制度差异所引致的风险会加剧两国投资者带来潜在的不确定性。签订高质量、有针对性的 BITs 有效弥补了制度支持的缺失和两种制度的不平衡。那么 BITs 质量和两国间制度差异（即制度距离）如何共同影响中国企业海外投资行为？进一步检验结果见表 5 - 4 中模型（4）至模型（8）。

模型（4）是对全样本的 PPML 回归结果。从总体上看，制度距离（*dif*）显著抑制了中国企业 OFDI。BITs 质量、BITs 质量与制度距离交互项回归系数显著为正，说明高质量的 BITs 不仅存在对 OFDI 的直接促进效应，也通过弱化由制度距离引致的抑制效应、间接促进 OFDI 的流入，验证了理论机制。除了东道国制度的绝对水平，母国和东道国间相对制度，即制度距离，也是影响 OFDI 决策的重要因素（张宇婷等，2018；刘振林等，2019）。制度距离使母国企业在东道国陌生的制度环境下投资运营的风险和压力上升。企业需花费额外的时间和成本去了解、学习并适应两国间的多维制度差异。制度体系完备的东道国对海外投资者在东道国经营的权利和义务有公开、详细的政策规定，海外投资者学习适应的成本与面临的不确定性风险较低。而制度环境恶劣的东道国，公开、透明的市场信息匮乏，经济、法律制度及执行措施缺失，使跨国公司为了解、适应东道国投资经营规则付出的信息搜寻和协调整合成本较高，同时还要面对毫无征兆的征收和国有化等多种不确定性投资障碍，降低了海外投资经营利润预期。制度距离越大，企业在东道国陌生的制度环境下投资经营面临的风险及障碍引致的协调成本越高，抑制了潜在 OFDI。为了快速熟悉东道国市场规则，融入东道国市场，企业更倾向于向制度距离较小的东道国投资。高质量的 BITs 通过投资界定、公正与公平待遇、国民待遇、最惠国待遇、转移限制、业绩要求等条款，清晰、明确地界定了海外投资者在东道国投资的待遇；通过征收、透明度、投资争端解决机制、保护伞等条款设计，明确了东道国对海外投资者的保护标准。海外投资者通过公开、透明的 BITs 获得东道国给予的待遇和保护标准，降低了在东道国的信息搜寻成本，缩短了学习、适应东道国陌生的投资环境的时间，提高了海外投资预期利润，弱化了制度距离的抑制效应，间接促进 OFDI 的流入。东道国制度环境越恶劣、不确定性风险越高，弱化效应越明显，对 OFDI 的间接促进作用越强。

模型（5）对高风险国家的检验中，制度距离的回归系数显著为负、BITs 质量、制度距离和 BITs 质量交互项的回归系数显著为负，这表明制度距离显著抑制了中国 OFDI，而高质量的 BITs 不仅可以直接促进 OFDI，还可以通过弱化由制度距离带来的抑制效应，间接促进 OFDI 的流入，与全样本 PPML 的估计结果一致，验证了签约国制度差异对 BITs 质量影响海外投资机制存在调节效应。

模型（6）对低风险国家的检验中，制度距离、BITs 质量和二者交叉项的回归系数均为正且不显著，与理论机制一致。可能的原因有两方面。第一，中国 OFDI 仍处在初级阶段，需要通过战略资产获取型 OFDI 快速积累国际竞争优势，低风险东道国健全的制度体系有利于战略资产的积累和培育。因此，制度距离越大，战略资产获取型 OFDI 流入越多。第二，低风险东道国完善的制度环境滤除了征收和国有化等滥用投资壁垒的行为，高质量的 BITs 降低制度距离引致的投资风险的作用无法发挥。

模型（7）和模型（8）进一步考察了制度距离方向性影响。将样本期间中国制度水平取中位数，样本期间制度水平高于同期中国中位数（$inst \geqslant$ 36.15）的东道国作为制度水平优于中国的样本，其他东道国（$inst < 36.15$）作为制度水平劣于中国的样本。按上述分类标准进行进一步的分组回归。模型（7）中，BITs 质量及其与制度距离交叉项的回归系数为正值，制度距离的回归系数为负值，均不显著。这表明在制度水平优于中国的东道国，BITs 质量对 OFDI 的促进作用并不明显。模型（8）中，BITs 质量及其与制度距离交叉项的回归系数显著为正，制度距离的回归系数显著为负。这表明制度距离抑制了中国向制度水平劣于中国的东道国投资，而高质量的 BITs 弱化了这种抑制效应，与理论机制一致。在制度水平较高、风险较低的东道国，海外投资者能够比较容易地获得东道国政治、制度及经济特征等信息，并能依靠上述信息较快地熟悉东道国陌生的制度环境。而海外投资者在制度水平较恶劣、风险较高的东道国很难获得充分、真实的信息，同时征收和国有化等不确定性风险加剧了制度距离引致的潜在成本。因此，与高风险东道国达成高质量的 BITs 降低了两国间因制度距离引致的投资壁垒成本，在很大程度上有利于保护并激励海外投资企业。

5.3.4 稳健性检验

高质量的 BITs 会促进中国 OFDI 流向签约国，但随着资本净输出成为新常态，中国政府、企业也逐渐意识到需要高质量的 BITs，切实防范中国企业海外投资经营面临的真实风险。因此，中国 OFDI 规模越大，越会促进中国改善 BITs 质量的动机。上述双向因果关系可能会造成估计模型的内生性，使计量结果产生偏误。因此，本书采用豪斯曼检验（Hausman 检验）和戴维森－麦金农检验（Davidson-MacKinnon 检验）来识别计量模型的内生性问题。Hausman 检验 P 值为 0（P 值 < 0.05），Davidson-MacKinnon 检验 P 值为 0.0035（P 值 < 0.1），检验结果表明，计量模型估计存在由内生性引致的偏差。

广义矩估计方法（GMM）利用计量模型内部变量的滞后变量作为工具变量，分为系统广义矩（SYS-GMM）和差分广义矩（DIF-GMM）估计方法。在样本量有限的情况下，SYS-GMM 比 DIF-GMM 的偏差更小、效率也更高（Blundell et al.，1998）。因此，本书采用 SYS-GMM 方法对计量模型进行估计，结果如表 5-5 所示。

表 5-5　　　　　　东道国制度水平、制度距离，BITs 质量与
中国 OFDI 的 SYS-GMM 估计结果

变量	（1）	（2）	（3）	（4）	（5）	（6）	（7）	（8）
	全样本	高风险	低风险	全样本	高风险	低风险	$inst \geqslant$ 36.15	$inst <$ 36.15
bitindex	0.869 (1.32)	16.86 ** (3.29)	1.03 (0.73)	0.206 * (3.41)	2.04 *** (5.37)	0.351 (0.42)	0.109 (0.907)	9.72 *** (8.03)
inst	0.387 (1.59)	-1.522 ** (-3.31)	0.169 (1.42)					
bitindex × inst	0.097 (1.44)	-8.410 * (-2.06)	0.072 (1.02)					
dif				-0.167 * (-3.06)	-1.66 *** (-6.80)	0.130 (1.23)	-0.162 (-0.29)	-1.89 *** (-8.23)
bitindex × dif				0.262 * (3.24)	1.219 ** (3.53)	0.316 (0.84)	0.271 (0.81)	1.48 *** (8.36)
ofdi （-1）	1.51 *** (11.11)	1.32 ** (7.31)	1.39 ** (7.93)	1.64 ** (5.38)	1.54 *** (8.67)	1.67 ** (6.09)	1.36 ** (6.37)	1.87 *** (8.22)
F	2226.81 [0.000]	2032.45 [0.000]	2115.20 [0.000]	2531.34 [0.000]	2008.39 [0.000]	2223.49 [0.000]	2129.06 [0.000]	2045.06 [0.000]
AR(1)	-3.56 [0.002]	-2.82 [0.004]	-2.61 [0.004]	-2.63 [0.002]	-2.49 [0.002]	-2.60 [0.002]	-2.28 [0.002]	-2.51 [0.002]
AR(2)	0.56 [0.579]	0.82 [0.650]	0.83 [0.671]	0.83 [0.399]	0.89 [0.359]	0.89 [0.379]	0.93 [0.354]	0.88 [0.415]
Sargan	84.02 [0.858]	67.62 [0.874]	37.45 [0.998]	69.05 [0.459]	67.54 [0.432]	62.17 [0.435]	64.80 [0.467]	52.46 [0.473]

续表

变量	(1)	(2)	(3)	(4)	(5)	(6)	(7)	(8)
	全样本	高风险	低风险	全样本	高风险	低风险	$inst \geqslant$ 36.15	$inst <$ 36.15
Hansen	68.40 [0.997]	43.53 [0.995]	49.24 [0.964]	47.56 [0.996]	35.37 [0.997]	38.06 [0.997]	33.92 [0.995]	37.61 [0.995]
样本量	817	334	483	904	569	335	538	366

注：＊、＊＊、＊＊＊表示在10%、5%、1%的水平下显著；括号内的数字为 t 检验值，［ ］内的数字为检验的 p 值。

表5-5的检验结果表明：第一，Sargan 检验和 Hansen 检验对应的 p 值均大于0.1，工具变量的选取是有效的；第二，残差序列相关性检验（AR）中，二阶序列相关检验 AR(2) 的 P 值均大于0.1，估计模型的误差项不存在序列相关性，采用 SYS-GMM 估计方法是有效的；第三，模型中 F 值均在1%的水平显著，说明模型整体非常显著；第四，被解释变量 $ofdi$ 滞后一期对其当期存在显著的积极影响，表明中国 OFDI 存在路径依赖效应，即中国企业倾向于向中国 OFDI 存量较高的东道国投资。中国企业对东道国投资制度和规则的熟悉及投资危机处理经验的积累，成为在东道国投资经营的独特竞争优势，对其他中国企业国际化产生积极的示范和扩散效应，促进中国 OFDI 持续流入。考虑上述因素后，核心解释变量（$bitindex$、$bitindex \times inst$、$bitindex \times dif$）的估计结果与采用 PPML 的估计结果基本一致，证明了模型的稳健性。

基于中国与 103 个东道国 2003~2017 年的面板数据，考察了 BITs 质量对 OFDI 的影响程度和差异。研究结果如下。第一，BITs 质量能够有效降低海外投资风险，促进 OFDI 流向签约国。第二，BITs 质量对 OFDI 的促进作用存在显著的国别差异，当东道国制度水平较中国恶劣、不确定风险较高时，BITs 质量对中国 OFDI 促进作用越明显；当东道国制度水平优于中国、不确定风险较低时，BITs 质量对中国 OFDI 的促进作用并不显著。第三，制度距离对中国流向东道国的 OFDI 存在显著的抑制效应，达成高质量的 BITs 在一定程度上冲销了这种抑制效应。制度距离、BITs 质量以及二者的交互项对中国企业 OFDI 的影响存在显著的国别差异。与制度水平劣于中国的高风险东道国达成高质量的 BITs，可以显著促进中国的 OFDI，并弱化制度距离对两国间 OFDI 的抑制效应；中国与低风险的东道国达成高质量的 BITs 对 OFDI 的促进作用，以及对两国间制度距离对 OFDI 弱化影响的抑制作用并不明显。第四，与制度水平优于中国的东道国达成高质量的 BITs 对 OFDI 的促进作用并不明显。

第6章 高质量的 BITs 对中国企业海外直接投资二元结构的影响

二元边际的概念来源于贸易领域，由于对外直接投资数据结构与质量的限制，早期关于 OFDI 二元边际的内涵界定与测度集中在国家层面。拉金等（Razin et al., 2004）最早从宏观层面将二元边际应用于 OFDI 结构的研究（OFDI Binary Margins），将拓展边际（Extensive Margin）定义为母国企业投资东道国数量的变化，而集约边际（Intensive Margin）则被定义为对既有投资伙伴国投资总规模的变化。自耶普尔（Yeaple, 2009）将对 OFDI 二元边际的研究拓展到企业层面，此后的研究聚焦于从微观层面完善对 OFDI 二元结构的界定和测度（Araujo et al., 2017）。艾彻等（Eicher et al., 2012）从微观企业层面拓展了二元边际的内涵和测度，将 OFDI 的"集约边际"界定为已有投资项目投资规模扩大，将"外延边际"界定为新增投资项目。吉尔-帕雷哈等（Gil-Pareja et al., 2013）改进了 OFDI 扩展边际的界定与测度方法，将 OFDI 项目数的变化界定为扩展边际。[①] 投资的边际利润是企业对外直接投资决策，特别是新增投资的关键影响因素之一，据此，企业 OFDI 的集约边际通常表现为母国对东道国投资存量的增加。同时，企业 OFDI 流向的东道国与行业分布范围，表现为母国企业对外直接投资的"东道国 - 行业"组数的增加，即企业对外投资的扩展边际。由此，学者们以跨国子公司销售额、跨国子公司的就业人数，跨国子公司的规模（Muendler and Becker, 2010；Chung, 2014；Toshiyuki, 2015）等指标来全面测度评价企业

---

① 曲文俏等（2013）、陈培如等（2016）均指出，这种方法的缺点在于，对外直接投资数据中存在的大量零值和负值，在短期内，某一母国每年向某一东道国新增投资项较少，在某个时期后投资扩展边际将会收敛于零。

OFDI 二元结构特征。埃格尔和默罗（Egger and Merlo，2012）从跨国公司海外投资企业雇员数、海外投资规模、海外销售额三个维度界定海外投资深度，从跨国公司在东道国新增企业数、企业新增工厂数两个维度界定企业海外投资广度。大多数企业层面 OFDI 二元结构的研究结论基本一致：跨国公司通过在东道国开设新的子公司（即 OFDI 广度边际）实现海外投资扩张（Ramondo et al.，2015；Araujo et al.，2017）。

随着中国由资本输入国向资本输出国角色转变，学者们开始关注中国 OFDI 二元结构的界定、内涵及影响、驱动因素与增长路径（刘海云和聂飞，2015；Tian and Yu，2020；陈培如等，2016）。刘海云和聂飞（2015）将中国 OFDI 二元结构界定为集约边际和广延边际，构建集约边际引力模型和广延边际决策模型，基于 2003～2012 年中国对 128 个国家的样本，检验 OFDI 投资动机对其二元结构增长路径间的关系。研究结果表明，企业海外市场拓展促进了 OFDI 集约边际，而海外自然资源与战略资源寻求促进了 OFDI 广延边际。杨连星等（2016）参考库施尼格（Keuschnigg，2008）对企业投资二元结构的研究思路与方法，从微观业视角出发，基于中国全球投资跟踪数据库（China Global Investment Tracker）数据，[①] 构建中国 OFDI 增长二元边际分解模型，将企业 OFDI 结构特征分解为集约边际（intensive）和扩展边际（extensive）。集约边际为某年对某一东道国投资的企业—行业关系对的平均投资额，拓展边际为某年对某一东道国投资的企业—行业关系对的数量。

基于杨连星等（2016）的研究思路和方法，此后的研究一方面聚焦于反倾销（杨连星和刘晓光，2017；高建等，2020）、双边政治关系（杨连星等，2016）、融资约束（杨连星等，2020）、东道国的金融发展（郭娟娟和杨俊，2019）等因素对 OFDI 二元边际的影响及影响的行业差异。基于此，协天紫光等（2020）将投资扩展边际定义为一年中在某一东道国投资的企业—行业关系数量，而将投资集约边际定义为一年中在某一东道国投资的企业—行业关系数量的平均值，进一步完善了杨连星等（2016）对中国企业 OFDI 进行结构分解的方法，并考察了东道国投资便利化建设对中国企业

---

① 中国全球投资跟踪数据库仅涵盖了企业对外投资金额、投资行业与投资国别的相关数据，并不包括企业财务层面的有关信息。因此，使用此方法界定投资二元边际最大的问题是回归分析无法控制企业层面变量，容易导致估计偏差。

OFDI 二元边际的影响及其影响的行业异质性。研究结果表明：东道国便利化实施虽然明显推动了我国企业海外投资扩张边际的提高，但对集约边际的影响与效应并不突出，证实了拉蒙多、加勒特等（Ramondo et al.，2015；Garetto et al.，2019 等）的研究结论。另一方面研究聚焦于中国 OFDI 二元边际的经济效应。廖庆梅和刘海云（2018）从投资二元结构的视角分析了中国制造业 OFDI 对国内就业的影响。刘源丹和刘洪钟（2021）从价值链双边合作度、价值链相对地位双重维度构建全球价值链重构测度指标，探讨我国 OFDI 二元边际结构对全球价值链重构的作用，以及上述促进效应的国家差异和时间差异。

已有的 BITs 质量对母国 OFDI 的研究多集中于一元规模分析，鲜有文献从 OFDI 二元结构视角展开讨论。现有文献对于影响我国 OFDI 二元边际的因素的研究逐渐增加，但是鲜有学者研究 BITs 条款深度对投资的扩展边际和集约边际增长的影响。两国之间通过签订深层次并且具有法律约束力的投资条约可以有效降低企业投资的成本和不确定性，进而提高海外投资的利润率，促进企业投资的规模和范围。BITs、BITs 质量对 OFDI 影响的研究存在分歧，很可能源于已有经验研究仅从一元规模角度分析 BITs 质量与中国 OFDI 选择，未能充分考虑企业二元结构特征可能会错失很多重要的结论，且无法将相关问题的研究进一步深化与细化。与国际贸易相比，OFDI 面临更高、更难以预测的风险与不确定性，二元边际分析有效解决了一元规模分析仅能判断 OFDI 规模的变化局限性。一方面，如果中国企业对外投资区域分布集中，BITs 质量对 OFDI 增长促进效应则主要体现在集约边际，表明 BITs 质量改善主要通过既有企业再投资促进 OFDI 增长，一旦遭遇外部冲击容易导致 OFDI 增长的大幅波动。另一方面，如果企业对外投资区位和行业分散，中国 OFDI 的增长则主要表现在扩展边际，即使遭遇外部冲击，OFDI 抵御外部风险对冲击的能力相对较强，增长稳健。在互利共赢理念的引领下，无论是投资存量还是流量，我国已呈现出引进外资与对外投资基本平衡的新格局，对外开放已进入由"走出去"单轮驱动向"走出去"与"引进来"双轮驱动转变的新阶段。在中国企业 OFDI 快速发展的当下，面对保护主义抬头、单边主义趋势不断加强等风险，如何鼓励与帮助我国企业形成稳健的 OFDI 增长模式，形成"走出去"与"引进来"双轮驱动的新格局，已经引起了政府和学者们的广泛关注：BITs 条款广度、深度和最终执行情况以及各个分项条款质量是否会影响中国企业海外投资的扩展边际和集约边际的增长？以及如何影响？BITs 条款质量在驱动投资增长中的作用是否存在行业差异？以期使政策的制定者和协定的谈判者更好地评估条款签署的必要性和有效性，帮助中国企业更好地走出去，并寻求与其他国家建立更密切的双边关系。

鉴于此，本章将从投资二元边际视角出发，突破了传统上对于投资一元规模的研究，以 BITs 中内容条款质量的提高对于中国企业海外投资二元边际的影响进行研究，关注的问题主要从三个方面展开。第一，尝试构建中国 BITs 水平深度指数，立足挖掘 BITs 的水平深度，并将霍夫曼等（Hofmann et al.，2017）测量区域贸易协定条款水平深度的"条款计数指数"方法运用到 BITs 质量测度中，构建整体的 BITs 深度以及其中具有法律强制性的有效条款的深度。第二，利用 2005～2019 年中国企业对外直接投资追踪数据，借助于对企业境外投资的微观结构特征的分析方法，将企业国外资本划分为集约边际和扩展边际，进而从一种更为全面的角度阐述了双边投资协议条款质量因素对企业境外投资的影响及其影响的结构差异性。从这点上来说，本章的研究成果也是对既有研究的进一步扩展与深化。第三，本章关于 BITs 条款质量影响因素的剖析进一步探究了在不同行业资本密集度视角下，BITs 质量因素对企业境外投资在二元边际影响的行业差异。本章的研究结论对从 BITs 条款深度的视角认识企业对外进行投资的结构特征有着必要的参考价值，并且发现了更深层次的 BITs 将在促进全世界新一轮的外商投资热潮中，发挥着越来越关键的角色。

6.1　典型事实分析

6.1.1　中国企业 OFDI 二元结构特征典型事实分析

本章采用由美国企业研究院和美国政府传统基金委员会共同建立的我国"全球投资追踪"数据库系统，研究我国企业在海外的直接投资。该数据库记载了中国企业从 2005 年到 2020 年几乎全部突破了 100 万美元的投资尝试，包括能源、矿业、运输与金融等多个行业，能够较准确地把握中国企业投资流向和投资态势。因此，本章将在全球投资跟踪数据库的基础之上，从总体布局、地区布局以及行业分布三个方面来阐述中国企业海外直接投资的情况。

首先，根据历年公布的全球投资跟踪数据库中的数据（见图6－1）可以看出中国企业海外直接投资存量呈现明显的增长趋势，2006年为906.3亿美元，到2020年达到峰值25806.6亿美元，12年间投资额呈现出9倍的增长速度，位次从全球25位跃升至全球第3位。[①] 还可以看到在2019年和2020年，由于新冠肺炎疫情在全球迅速蔓延，中国企业海外直接投资的步伐也受到了严重的限制。但随着各国对抗击新冠肺炎疫情的积极响应和疫情常态化的处理政策，可以预见中国企业海外投资的恢复和发展潜力是十分快速和巨大的。其次，我国企业大型海外直接投资已延伸至世界各地，主要贸易覆盖了200多个国家和地区。2005～2020年共有155个国家和地区得到了我国企业的投资，中国企业投资最多的地区是北美洲和欧洲，非洲和亚洲部分国家投资较多，企业投资最多的有美国、澳大利亚、巴西、英国、俄罗斯和加拿大等国家。最后，从投资的行业来看（见图6－2），在我国企业的海外投资中，新能源行业的投资数量最多，达到了9810.4亿美元。截至2020年，中国企业在各行业投资总金额按照由多到少的排序依次为能源行业、交通运输业、房地产行业、金属业、金融业、农业、科技行业和公共事业等。图6－3为2005～2020年中国企业海外直接投资的行业占比情况，从

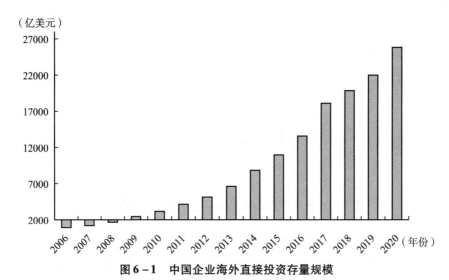

图6－1　中国企业海外直接投资存量规模

资料来源：笔者依据2020年中国对外直接投资公报数据绘制而成。

---

① 2002～2005年中国OFDI存量统计口径对外非金融类直接投资数据，2006～2020年为全行业对外直接投资数据，为保持统计口径一致性，从2006年开始。

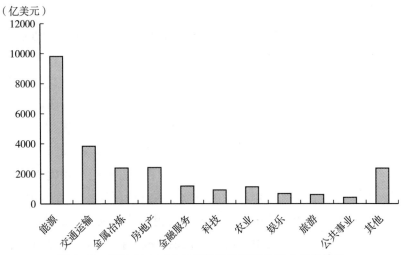

图 6 - 2　2020 年中国企业海外投资存量的行业分布情况

资料来源：笔者依据中国企业对外直接投资追踪数据库数据整理绘制而成。

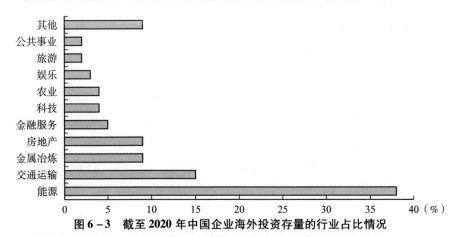

图 6 - 3　截至 2020 年中国企业海外投资存量的行业占比情况

资料来源：笔者依据中国企业对外直接投资追踪数据库数据整理绘制而成。

中可以看出，截至 2020 年，中国企业在能源行业的投资总额达到 9810.4 亿美元，占投资总额的 38%；其次是交通运输行业，总投资额达到了 3828.7 亿美元，占总投资额的 15%；接下来的金属冶炼和房地产行业大约都占总投资额的 9%；金融业、科技行业和公共事业分别占总投资额的 5%、4% 和 2%。

6.1.2　中国 BITs 质量的特征事实分析

1. 中国 BITs 质量评价框架设计

由于一些新的海外投资问题与国家边境后主权紧密相关，一些 BITs 可能只在较窄范围的投资规则上达成一致，另一些则将政策覆盖范围较广泛的条款规则纳入 BITs 框架中。通过对 BITs 中具体款内容的文本分析解读，可对协定中所涉及的不同领域（如投资者争端解决条款、知识产权条款、金融服务条款、透明度条款、劳工标准条款、环境保护条款等）或相同领域（如透明度）的规则进行归纳分类，从中提取规则分类信息用以说明纳入 BITs 的条款所覆盖政策范围的广泛程度（或广度）。参考霍夫曼等（Hofmann et al.，2017）提出的"条款计数指数"（provision count index）方法，构建反映 BITs 特定条款及总体深度的综合指数，并将这种深度称为"水平深度"。本章按如下规则对 BITs 中的条款子项进行评分：如果一项协议中包括了 17 个主流 BITs 范式中的一项条款，则相应的条款变量赋值为 1，否则为 0。例如，如果一项协议中包括了"知识产权保护"这一项条款，则赋值为 1，否则为 0。对透明度条款、公平公正待遇条款的赋值也类似，然后将以上 17 个虚拟变量的分值加总，记为 BITs 广度变量（BITsbreath）。深度是指每份 BITs 中每项具体条款为海外投资者提供的待遇标准和权益保护严格程度。基于 BITs 文本和中国企业在该国投资数据的可得性，从截止到 2022 年 6 月我国签署的 BITs 中选择其中与 93 个缔约国签署的 BITs 为样本。通过对样本中我国已签订并生效的 93 份 BITs 文本内容的分析，选取投资定义、投资促进措施、投资便利化措施、投资保护、保护形式变化的投资、收益再投资的保护、最惠国待遇、公平公正待遇 8 类投资促进类条款，征收补偿、利息补偿、损失补偿、知识产权保护、利润转移汇出、代位权和透明度 7 类风险保障类条款，私人—国家投资争端解决机制与保护伞 2 类投资争端解决条款。

本章按照每种类型条款的特点、对投资的促进效应以及法律约束性等条件制定了相应评分标准，来考量通过 BITs 为海外投资提供权益保障的强度。每项条款的分值在 0 到 2 之间，数值越大，说明该条款的深度越大，对投资者的保护程度越大。0 表示该项 BITs 中不含该类条款，2 为最高分，表示对东道国海外投资限制程度最低、保护程度最严格。

投资定义中，条款中不含投资定义得分为 0，限制性的封闭式定义得分为 0.5，未限制性的封闭式定义得分为 1，限制性的开放式定义得分为 1.5，未限制的开放式定义得分为 2。

投资促进中，条款中不含投资促进类条款得分为 0，依东道国国内法规接受、促进投资得分为 1，依东道国国内法规接受、促进投资并创造有利于外资在东道国投资经营条件得分为 1.5，接受、促进并创造有利条件得分为 2。

不含投资便利化措施条款得分为 0，依东道国法规，为跨国员工签证、工作许可提供便利得分为 1，为跨国公司员工签证、工作许可提供便利得分为 2。

不存在投资保障条款得分为 0，依东道国的法规，提供充分的保护得分 0.5，不损害东道国法律的条件下，不得采取不合理或者歧视性措施得分为 1，不以任何直接或间接方式采取不合理或者歧视性措施得分为 2。

不存在保护形式变化的投资条款得分为 0，发生符合东道国法律规定的变化不影响其投资的性质得分为 1，任何投资形式的变化都不影响其投资的性质得分为 2。

不存在对外资利润再投资保护条款得分为 0，保护符合东道国法规的投资收益再投资得分为 1，保护任何形式的跨国公司投资收益再投资得分为 2。

不存在公平公正待遇条款得分为 0，不存在独立的公平公正条款，但在其他条款内设计公平公正待遇得分为 0.5，存在公平公正待遇条款，但未做进一步解释说明得分为 1，依东道国法律法规对外资给予最低标准公平公正待遇得分为 1.5，最低限制条件标准公平公正待遇得分为 2。

不存在最惠国待遇条款得分为 0，存在限制条件的最惠国待遇得分为 0.5，存在准入后最惠国待遇得分为 1，存在独立的最惠国待遇得分为 1.5，存在准入前最惠国待遇得分为 2。

不存在国民待遇条款得分为 0，存在弹性＋限制条件的国民待遇条款得分为 0.5，存在限制条件的国民待遇得分为 1，存在准入后国民待遇得分为 1.5，存在无任何附加条件的国民待遇得分为 2。

不存在征收补偿条款得分为 0，"不足四个条件＋依东道国法律法规适当补偿"得分为 0.5，征收"四要素"＋依东道国法律法规适当补偿得分为 1，征收"四要素"＋依东道国法律法规"有效、及时、充分"适当补偿得分为 1.5，征收"四要素"＋适当补偿＋有效、及时、充分＋司法审查权得分为 2。

不存在利息补偿条款得分为 0，不得无故延向海外投资者延迟支付利息补偿得分为 1.5，不得延迟向海外投资者支付利息补偿得分为 2。

不存在损失补偿条款得分为 0，按最惠国待遇的标准对海外投资者进行损失补偿得分为 0.5，按最惠国待遇与国民待遇最优的标准对海外投资者进行损失补偿得分为 1.5，按最惠国待遇与国民待遇最优标准＋特补的方式向海外投资者进行损失补偿得分为 2。

不存在对海外投资者知识产权保护条款得分为 0，依东道国法律法规对海外投资者知识产权进行保护得分为 1，保护海外投资者的知识产权得分为 2。

不存在资金和收益汇兑汇出条款得分为 0，履行纳税义务后限制性汇兑汇出得分为 0.5，限制性汇兑汇出得分为 1，自由汇兑汇出 + 例外情形得分为 1.5，自由汇兑汇出得分为 2。

不存在代位权（即若缔约国或其代理机构就投资者遭受的非商业风险作了担保，并已经向投资者支付赔偿的，做出支付的缔约国或其代理机构可以代位取得投资者的原有权利和索赔的权利）条款得分为 0，设立并承认符合东道国法律法规的限制性代位权得分为 0.5，设立并承认限制性代位权代位权得分为 1，海外投资者享受最惠国待遇的代位权得分为 1.5，可申请仲裁的代位权得分为 2。

不存在任何形式的透明度条款得分为 0，位于其他条款下的法律、法规、管理实践与程序的透明度要求得分为 1.5，存在独立条款的法律、法规、管理实践与程序的透明度要求得分为 2。

不存在投资者—国家投资争端解决机制得分为 0，仅限于海外投资在东道国遭受征收补偿风险无法协商并满足一定限制条件可申请仲裁得分为 0.5，投资相关争议无法协商并满足一定条件可申请仲裁 + 例外得分为 1，任何投资相关争议无法协商并满足一定条件可申请仲裁 + 例外得分为 1.5，任何投资相关争议无法协商均可申请仲裁得分为 2。

不存在保护伞条款得分为 0，可能的承诺得分为 0.5，可能的义务得分为 1，有关承诺得分为 1.5，任何承诺得分为 2。

最后，采用算术平均的方式把单项指标评分合成总指数，记为 BITs 深度（BITsdepth）。

2. 中国签订的 BITs 质量评价

基于 BITs 文本和中国企业在该国投资数据的可得性，从截止到 2022 年 6 月我国签署的 BITs 中选择其中与 93 个缔约国签署的 BITs 为样本，[①] 其中，南北型 BITs（即发展中国家、转型经济体与发达国家签订的 BITs）共 30

---

① 其中，我国与卢森堡、瑞士、西班牙、比利时、法国、葡萄牙和俄罗斯 7 个国家的双边投资协定在 2005 年至 2019 年期间进行了重新修订，保留重新修订版本进行 BITs 质量测度。

份，南南型 BITs（即发展中国家、转型经济体间签订的 BITs）共 63 份。其次，对上述样本进行指数化处理并进行计算分析。从表 6 - 1 可以看出，样本中 BITs 广度指数总体差异程度小于样本中 BITs 深度指数。总样本 BITs 广度指数总体标准偏差为 2.31，总体方差为 5.33。中位数为 11，将 BITs 广度指数大于等于 11 定义为高质量，小于 11 定义为低质量。高质量 BITs 占总样本的比重为 58%，其中广度质量较高的 BITs 样本总体标准偏差为 1.67，总体方差为 2.81。低质量 BITs 占总样本比重为 42%，其中广度质量较低的 BITs 样本总体标准偏差为 0.56，总体方差为 0.32。总样本中 BITs 条款广度指数差异较小，高质量与低质量两组间广度指数差异较小，说明中国近年签订 BITs 时注意到了其条款设计的新特点和新趋势，并在 BITs 条款设计中进行实践，积极向国际先进 BITs 条款设计标准对接，在条款覆盖广度方面有较大改进。总样本 BITs 深度指数总体标准偏差为 0.28，总体方差为 0.08。中位数为 0.56，将 BITs 深度指数大于等于 0.56 定义为高质量，小于 0.56 定义为低质量。深度质量较高 BITs 占总样本比重为 56%，其中深度质量较高的 BITs 样本总体标准偏差为 0.22，总体方差为 0.05。深度质量较低 BITs 占总样本比重为 44%，其总体标准偏差为 0.05，总体方差为 0。如表 6 - 2、表 6 - 3 所示，在条款水平深度方面，深度指数得分 0.88 以上的 BITs 有 25 项，占总样本的 27%，最高得分 1.39 与最低得分 0.31 之间差距为 1.08。总样本中 BITs 条款深度差异较大，高质量与低质量两组间深度指数差异较大，

表 6 - 1　　　　　　　　　　　BITs 广度指数统计特征

统计特征	总样本	高质量 BITs	低质量 BITs
样本量	93	54	39
最大值	17	17	10
最小值	8	11	8
平均值	11.91	13.52	9.69
中位数	11	14	10
方差	5.38	2.86	0.32
总体方差	5.33	2.81	0.32
标准偏差	2.32	1.69	0.57
总体标准偏差	2.31	1.67	0.56

资料来源：笔者依据样本数据计算。

表 6 - 2   2005 ~ 2019 年中国与样本国家签订的
南北型 BITs 广度、深度指数

缔约伙伴国	BITs 广度指数	BITs 深度指数
澳大利亚	15	1.08
奥地利	10	0.44
巴巴多斯	10	0.5
比利时	14	1.08
英国	16	1.28
加拿大	15	1.08
塞浦路斯	8	0.31
丹麦	11	0.42
芬兰	14	0.81
法国	14	1.03
德国	16	1.25
希腊	14	0.78
匈牙利	10	0.5
以色列	13	0.83
意大利	14	0.81
日本	10	0.55
卢森堡	14	0.94
马来西亚	13	0.69
摩洛哥	9	0.39
荷兰	14	0.89
新西兰	10	0.47
挪威	12	0.72
波兰	9	0.47
葡萄牙	15	1.25
卡塔尔	10	0.53
新加坡	15	0.92
斯洛文尼亚	10	0.56
西班牙	13	0.72
瑞典	14	0.78
瑞士	16	1.39

资料来源：笔者依据样本数据计算绘制。

表 6 – 3　　　　　　　　**2005 ~ 2019 年中国与样本国家签订的**

南南型 BITs 广度、深度指数

缔约伙伴国	BITs 广度指数	BITs 深度指数
阿尔及利亚	10	0.67
阿根廷	14	0.86
阿塞拜疆	11	0.53
巴林	10	0.39
孟加拉国	11	0.56
白俄罗斯	8	0.44
玻利维亚	10	0.42
波斯尼亚	17	1.17
保加利亚	11	0.56
柬埔寨	13	0.52
智利	11	0.78
哥伦比亚	9	0.42
刚果	15	1.06
哥斯达黎加	11	0.42
克罗地亚	10	0.44
古巴	10	0.53
厄瓜多尔	10	0.47
埃及	12	0.75
赤道几内亚	10	0.47
埃塞俄比亚	10	0.52
加蓬	10	0.47
格鲁吉亚	10	0.53
加纳	10	0.44
圭亚那	15	1.11
印度	12	0.83
牙买加	10	0.44
哈萨克斯坦	9	0.42
科威特	11	0.56

续表

缔约伙伴国	BITs 广度指数	BITs 深度指数
吉尔吉斯斯坦	9	0.36
伊朗	16	1.33
马达加斯加	14	0.69
马里	10	0.5
毛里求斯	10	0.42
墨西哥	13	1
蒙古	10	0.44
缅甸	15	1.03
尼日利亚	14	0.94
阿曼	11	0.69
巴基斯坦	15	0.94
巴布亚新几内亚	10	0.47
秘鲁	15	1
菲律宾	10	0.39
罗马尼亚	11	0.47
俄罗斯	15	1.14
沙特阿拉伯	14	0.78
塞尔维亚	12	0.5
南非	15	1.34
斯里兰卡	10	0.53
苏丹	10	0.47
塔吉克斯坦	11	0.55
坦桑尼亚	13	0.83
泰国	10	0.42
特立尼达和多巴哥	15	1.11
土耳其	11	0.86
土库曼斯坦	9	0.58
阿联酋	15	0.89
乌兹别克斯坦	9	0.42

续表

缔约伙伴国	BITs 广度指数	BITs 深度指数
越南	14	0.72
也门	13	1
津巴布韦	10	0.5
老挝	10	0.47
印度尼西亚	12	0.72
叙利亚	9	0.47

资料来源：笔者依据样本数据计算绘制。

说明中国近年签订 BITs 时注意到了其条款设计的新特点和新趋势，并在 BITs 条款内容严格程度做出积极实践，但在条款内容严格程度更多是被动适应发达国家对 BITs 质量的新要求，但忽略了与发展中国家、转型经济体间签订 BITs 动因、经济效应的独特差异，对 BITs 条款内容的严格程度呈现同质特点，内容较为模糊，也未能从内容设计上体现出中国由资本输入为主向净资本输出国转型后对 BITs 提供投资者海外权益保护的需求转变，深度质量亟待改进。

从表 6 - 4、表 6 - 5 可以看出，南北型 BITs 样本中 BITs 广度指数总体差异程度大于南北型 BITs 样本中深度指数。南北型 BITs 样本中，BITs 广度指数总体标准偏差为 2.39，总体方差为 5.71。中位数为 14，将 BITs 广度指数大于等于 14 定义为高质量，小于 14 定义为低质量。高、低质量 BITs 占总样本比重各为 50%，其中广度质量较高的 BITs 样本总体标准偏差为 0.79，总体方差为 0.62。广度质量较低的 BITs 样本总体标准偏差为 1.57，总体方差为 2.46。南北型 BITs 样本中，广度指数差异较小，高质量与低质量两组间广度指数差异较大。南北型 BITs 样本中，深度指数总体标准偏差为 0.29，总体方差为 0.09。中位数为 0.78，将深度指数大于等于 0.78 定义为高质量，小于 0.78 定义为低质量。深度质量较高 BITs 占样本比重为 53%，其中深度质量较高的 BITs 样本总体标准偏差为 0.19，总体方差为 0.04。深度质量较低 BITs 占总样本比重为 47%，其总体标准偏差为 0.12，总体方差为 0.01。

表6-4 南北型 BITs 广度指数统计特征

统计特征	总体样本	高质量 BITs	低质量 BITs
样本量	30	15	15
最大值	16	13	10
最小值	8	14	8
平均值	12.6	14.7	10.53
中位数	14	14	10
方差	5.9	0.67	2.63
总体方差	5.71	0.62	2.46
标准偏差	2.43	0.82	1.62
总体标准偏差	2.39	0.79	1.57

表6-5 南北型 BITs 深度指数统计特征

统计特征	总体样本	高质量 BITs	低质量 BITs
样本量	30	16	14
最大值	1.39	1.39	0.72
最小值	0.31	0.78	0.31
平均值	0.78	1.01	0.52
中位数	0.78	0.985	0.5
方差	0.09	0.04	0.01
总体方差	0.09	0.04	0.01
标准偏差	0.3	0.2	0.12
总体标准偏差	0.29	0.19	0.12

表6-6、表6-7中南南型 BITs 样本中广度、深度指数统计特征表明，南南型 BITs 样本中，BITs 广度指数总体标准偏差为2.19，总体方差为4.74。中位数为11，将 BITs 广度指数大于等于11定义为高质量，小于11定义为低质量。高、低质量 BITs 占总样本比重各为32%、68%，其中广度质量较高的 BITs 样本总体标准偏差为0.19，总体方差为0.04。广度质量较低的 BITs 样本总体标准偏差为1.02，总体方差为1.02。南南型 BITs 样本中，深度指数总体标准偏差为0.26，总体方差为0.07。中位数为0.53，将深度指数大于等于0.53定义为高质量，小于0.53定义为低质量。深度质量较高 BITs 占样本比重

为 56%，其中深度质量较高的 BITs 样本总体标准偏差为 0.23，总体方差为 0.06。深度质量较低 BITs 占总样本比重为 44%，其总体标准偏差为 0.04，总体方差为 0。南南型 BITs 样本中，广度、深度指数差异较小，高质量与低质量两组间广度指数差异较小，表明样本中我国签订的南南型 BITs 条款、内容广度同质化程度较高，深度指数同质化且质量较低。

表 6-6 南南型 BITs 广度指数统计特征

统计特征	总样本	高质量	低质量
样本量	63	20	43
最大值	17	17	12
最小值	8	13	8
平均值	11.59	14.5	10.23
中位数	11	13	10
方差	4.82	1.11	0.8
总体方差	4.74	1.02	0.78
标准偏差	2.21	1.05	0.9
总体标准偏差	2.19	1.02	0.88

表 6-7 南南型 BITs 深度指数统计特征

统计特征	总体	高质量	低质量
样本量	63	35	28
最大值	1.34	1.34	0.52
最小值	0.36	0.53	0.36
平均值	0.66	0.83	0.45
中位数	0.53	0.83	0.44
方差	0.07	0.06	0
总体方差	0.07	0.05	0
标准偏差	0.26	0.24	0.04
总体标准偏差	0.26	0.23	0.04

2005～2019 年，中国签订的南南型 BITs 占签订 BITs 总量的 68%，南北型 BITs 占签订 BITs 总量的 32%（如表 6-2、表 6-3 所示），尽管中国签

订南南型 BITs 较多，但南北型 BITs 的平均深度和广度指数均高于南南型
BITs 和总样本（如表 6-4 至表 6-7 所示），表明中国在与 BITs 条款设计、
内容要求水平较高的发达国家签订 BITs 时，更多的是与发达国家引领的先
进 BITs 设计水平对标。而在与发展中国家签订 BITs 时，仍局限于 2012 年
修订的美国 BIT 范本，未能设计符合双方的具体诉求、发展条件与促进双方

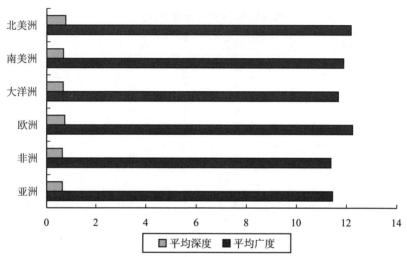

图 6-4　中国与不同区域国家签订 BITs 的平均质量水平

资料来源：笔者依据样本数据计算绘制。

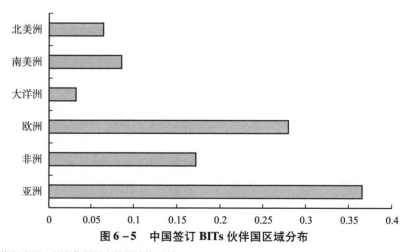

图 6-5　中国签订 BITs 伙伴国区域分布

资料来源：笔者依据样本数据计算绘制。

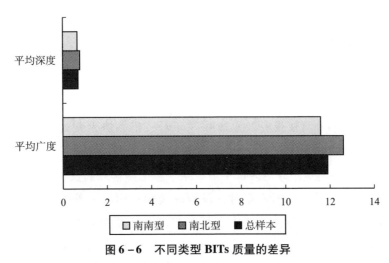

图 6 – 6　不同类型 BITs 质量的差异

资料来源：笔者依据样本数据计算绘制。

国际投资合作的条款范式。从缔约伙伴国所在的区域分布来看（见图 6 – 4、图 6 – 5、图 6 – 6），样本中，中国与亚洲、欧洲国家签订的 BITs 数量较多，但与欧洲、北美洲国家签订的 BITs 质量、广度与深度均高于与亚洲、非洲国家签订的 BITs，深度质量方面的差异较为明显。

6.2　模型构建和数据描述

6.2.1　模型设定

基于理论分析，通过设定如下计量模型来检验 BITs 质量对中国 OFDI 二元边际的影响及其影响的异质性：

$$ofdi_{it} = \alpha_0 + \beta_1 bitindex_{it} + \beta_2 \mathbf{X}_{it} + \lambda_t + \eta_k + \varepsilon_{it}$$

式中，被解释变量 $ofdi_{it}$ 表示第 t 年中国对东道国 i 的 OFDI 二元边际，即扩展边际（$EMODI_{it}$）和集约边际（$INODI_{it}$）；核心解释变量 $bitindex_{it}$ 表示第 t 年中国与东道国 i 所达成的 BITs 的质量，由广度（$breadth_{it}$）、水平深度（$depth_{it}$）和执行度（$exec_{it}$）三个维度构成；$\mathbf{X}_{it}$ 为相关控制变量；λ_t 为时间固定效应，η_k 为区域固定效应，ε_{it} 为随机误差项。

6.2.2 变量选取与数据描述

1. 对外直接投资二元边际界定与测度

中国企业海外直接投资二元边际（*ofdi*）：借鉴协天紫光等（2020）的对外投资二元边际指标对企业 OFDI 进行结构性分解，将海外投资的扩展边际（extensive margin）界定为每年中在某一东道国家外商投资的公司—行业关联对的总量，反映一国企业对外投资的规模；而将海外投资的集约边际（intensive margin）界定为每年中在某一东道国外商投资的公司—行业关联对的平均值，反映一国企业对外投资的多元化程度。[①] 在此基础上，手动整理和计算出中国企业在不同东道国投资的企业—行业关系对数量和平均值，即为投资扩展边际与投资集约边际。对投资二元边际定义的优势在于：一方面，使用企业与行业层面数据可以解决扩展边际收敛于零的问题；另一方面，投资二元边际刻画的是一年中每国企业向某一东道国各行业对外直接投资的平均规模，以及一年中每国企业对外直接投资的"东道国－行业"组数，故需要将微观企业数据加总为宏观国别数据，从而可以有效克服企业层面变量无法控制的难题。相关数据主要来自美国企业研究院与国家传统基金会合作建立的中国公司全球资本跟踪数据库，时间跨度为从 2005～2019 年。其中，由于 2020 年突然在全球爆发的新冠肺炎疫情，导致各国之间的贸易和投资大幅减少，为了避免突发事件对本书结果的影响，将不考虑 2020 年的数据。

2. 解释变量选取与测度

BITs 条款设计和内容会影响海外投资者在海外经营战略决策，因此，以指数化的形式，从条款内容广度、水平深度和最终执行程度等三个方面衡量 BITs 在结构和内容上的异质性，从而体现各个 BITs 条款对我国企业 OFDI 的保护和促进程度。以整理的中国签署的 BITs 文本文件为基础判定 BITs 的广度、水平深度和最终执行程度。

---

① 同时，将投资目的地为中国香港、澳门和台湾地区以及避税地（如"开曼群岛"与"百慕大群岛"）的相关信息予以删除。

3. 控制变量选取与测度

（1）东道国市场规模（*Mar*）。企业进行 OFDI 的一个重要原因是寻求更加广阔的市场。在国内市场饱和与巨大的同业竞争压力驱使下，越来越多的企业选择"走出去"，去寻找新的商机和市场。那么，东道国的市场规模就成为企业 OFDI 选址时一个重要的考量因素。以东道国国内生产总值（GDP）当作市场规模的代理变量，一方面，东道国国内生产总值的规模越大，表明该国市场所能容纳的量越大，消费者的需求越大，企业的机会就越多。另一方面，大型跨国公司在进行海外投资时不但要考察主办国的市场规模的多少，而且还要考察两国的地域距离，因此，更大的海外市场规模也更有助于企业实现大规模效应，进而增加销售，减少成本。此外，通过双边地理距离调整的市场规模还有助于解决 GDP 与人均 GDP、双边贸易量等各种数据信息间出现的多重共线问题。参考杨宏恩等（2016）的方法，使用经双边地理距离调整过的市场规模来替代国际市场规模变量，即 $Mar = \ln GDP / \ln DIST$，等式右边的 GDP 代表所在国的实际国内生产总值（以 2010 年为基期的不变美元价格计算，单位为美元），相关数据来源于世界发展指标数据库。*DIST* 表示以人口加权调整过的我国和东道国之间的双边地理距离，数据来自于 CEPII 数据库系统。

（2）东道国的贸易依存度（*Trade*）。该因素不但说明了一国经济主体对国际贸易的依赖程度，还能够从一定程度上体现一国的整体经济发展水平，及其积极参与全球经贸活动的程度。从最终需求拉动国民经济发展的角度看，是反映一国对外开放程度的主要指标。当一国的对外贸易依存度越来越高，就说明了该国的国内经营活动越来越依赖国外市场，对跨境商品与资本流动的限制与阻碍越少，消费者对国外的商品、服务以及技术的需求越高，企业在该国投资的信心就越高。本书主要通过东道国进出口贸易总额占当年 GDP 的比重来衡量，并取自然对数处理，数据来源于 2005～2020 年世界发展指标数据库。

（3）东道国的制度质量（*Inst*）。东道国的制度水平在一定程度上可以代表海外投资者经营过程中的风险程度，良好的制度环境有利于吸引更多的投资者投资并建立长期的投资关系，因此该指标也是影响企业海外投资的一项重要因素。本章将使用世界银行的国家治理指数，来评价各个东道国的制度水准。由于本书已将监管质量作为政府施政效率的代理变量去衡量 BITs

的最终执行程度，因此，本章将剩余五个指标进行加总来表示东道国总体制度质量水平。指标的评分值越高，就代表该国的制度风险越小，而且制度环境越好，也就更能吸纳外国商人直接投入，所以本书把东道国制度水平也加入了模型中，作为控制变量。

（4）东道国的劳动力成本（*Wage*）。效率提升型 OFDI 的主要目的是利用东道国较为廉价的要素成本进行生产。对于成本驱动型海外投资，劳务成本也是影响企业投资规模与范围的关键因素。东道国较低的劳动力成本可以帮助企业降低整体成本，提高获利能力和竞争力，使得企业的海外投资更具成本优势。近年来，由于国内劳动力成本上涨的压力，在企业不能进行技术升级和产品革新的状况下，中小企业往往会考虑到在劳动力成本相对低廉的国家进行外商投资，提高企业的利润空间。选取缔约国人均GDP（以 2010 年不变价美元来表示，单位：美元）来反映该国企业的平均劳动力成本，但同时也通过不变价格减少通胀因素的影响，数据来自世界银行 WDI 数据库。

（5）东道国的自然资源禀赋（*NR*）。随着中国国内自然资源供给与需求不平衡的问题日益加重，越来越多的资源寻求型企业纷纷采取新建投资或者兼并收购的方式去海外寻求自然资源。因此，东道国丰富的资源储量一方面能够解决企业的生产需要，从而减轻了本土居民对物质需求量增加所造成的经济压力，另一方面也能够帮助中小企业避免在国际上资源供应的不确定性以及产品价格波动的不确定性，降低采购自然资源的成本。本章主要以能源、矿物和金属材料出口量占其国内生产总值的比率，来反映世界各国的重要资源禀赋情况，统计主要来源为世界银行 WDI 数据库。

（6）东道国的市场潜力（*Poten*）。中小企业在东道国的投资活动不但深受本国市场规模的影响，而且较大程度上还深受该国市场潜力的影响。拥有较高市场潜力的东道国通常能给投资者带来更高的回报和更好的机会，形成长期稳固的投资合作关系，有利于企业在东道国树立良好的形象。另外，对于高市场潜力的国家投资，企业更易于利用大规模经济活动减少边际成本，提高盈利能力获得更大的利益。因此，本书使用东道国的 GDP 增长率作为市场寻求的指标。

（7）东道国的营商环境（*Edb*）。营商环境是指一家公司在从筹资设立到破产清算的整个过程中，为了遵守某个国家或地方政府的法令，所需要花费的时间与成本的总和。所以，给东道国企业优越的营商环境能够减少公司进入市场的时间，降低生产运营上的成本，实现企业活动的便利性，提高企业经济效益。本书采用世界银行公布的《营商环境报告》来评价东道国的市场经营环境，数据源自世界银行发布的历年《营商环境报告》（如表 6 - 8 所示）。

表 6 - 8　　　　　　　　　　变量测度与数据来源

类型	变量/变量名	变量定义	数据来源
被解释变量	对外直接投资集约边际（IMODI）	海外直接投资的增长依赖于已有境外中资企业投资的追加，定义为一年中在某一东道国投资的企业—行业关系对的平均值	《中国全球投资跟踪数据库》
	对外直接投资扩展边际（EMODI）	海外直接投资的增长是由中国境外企业数量扩张所推动的，定义为一年中在某一东道国投资的企业—行业关系对数量	《中国全球投资跟踪数据库》
解释变量	BITs 广度（Breadth）	BITs 中所包含的具体条款数量的加总	商务部条法司、UNTCAD IIA 数据库
	BITs 水平深度（Depth）	BITs 中所包含的具体条款水平深度的测试分数的算术平均值	商务部条法司、UNTCAD IIA 数据库
	可执行程度（Exec）	东道国的监管质量指标作为代理变量，测度 BITs 的最终执行情况	世界银行 WGI 数据库
控制变量	东道国的市场规模（Mar）	经双边地理距离调整过的东道国的国内生产总值	世界银行、CEPII 数据库
	东道国的市场潜力（Pote）	东道国的 GDP 增长率作为市场寻求的指标	世界银行 WDI 数据库
	东道国的双边经贸关系（Trade）	中国与东道国在一年内的进出口贸易总额占当年 GDP 的比重来衡量，取对数处理	世界银行 WDI 数据库
	东道国的制度质量（Inst）	表示东道国总体制度质量水平，本书的研究取五项子指标的总和来研究	世界银行 WGI 数据库
	东道国的营商环境（Edb）	评估各个经济体市场经营环境的便利化程度，取对数处理	世界银行历年《营商环境报告》

续表

类型	变量/变量名	变量定义	数据来源
控制变量	东道国的劳动力成本（*Wage*）	选取东道国实际人均 GDP 来衡量东道国的劳动力成本，同样采取不变价格来消除通货膨胀因素的影响，取对数处理	世界银行 WDI 数据库
	东道国的自然资源禀赋（*NR*）	东道国金属、燃气和矿石的出口额占实际 GDP 的比重来衡量，取对数处理	世界银行 WDI 数据库

6.3 模型检验和实证结果分析

6.3.1 变量统计描述

为减少异方差贡献率的负面影响，本书中对双边地理距离、双边经贸关系、东道国的国内生产总值、营商环境、劳工成本以及国家资源禀赋方面的数据均取自然对数处理。在实证试验之前，首先对各个变量都进行了统计性质的描述，统计结果如表 6 - 9 所示。从统计性描述的结果可以看出，中国企业 OFDI 无论是扩展边际还是集约边际，均值都较低。其中集约边际的最大值为 151.23，但其均值只有 4.477，并且标准差达到了 8.672，说明中国企业在不同东道国的投资额波动较大、存在较大的国家差异。与中国签订 BITs 的缔约国制度环境水平均值为 0.929，标准差达到 4.562，可见缔约国制度质量总体水平较低，离散程度较大以及稳定性较低。此外，签约国家中，GDP 增长率的最大值为 34.47%，而最小值为 - 17.67%，相差较多。可见与我国缔结 BITs 的东道国，在政治制度和国民经济社会发展水平上都有着很大的差异。

为检查在不同主要变量间多重共线性问题，在本书中对相关数据做了相关系数检验，如表 6 - 10 所示。从表 6 - 10 可以看出，除了执行度指数与东道国的制度质量、劳动力成本，以及制度质量与劳动力成本之间的相关系数略高以外（0.8 左右），其余的变量之间的相关系数均在 0.5 以下，大部分变量之间的相关系数在 0.1 左右。因此，采用膨胀方差因子法（VIF）对变数间的多重共线性问题展开进一步深入的检测，试验结果表明 VIF 平均值远低于 10。由此，证明了不同变量间不存在严重的多重共线性。

表 6 - 9　　　　　　　　　　主要变量指标的统计性描述

变量	含义	样本量	均值	标准差	最小值	最大值
EMODI	扩展边际	1214	2.030	3.125	0	34
IMODI	集约边际	1214	4.477	8.672	0	151.23
Sign	是否签署 BITs	1214	0.933	0.250	0	1
Breadth	广度指数	1214	11.92	2.296	8	17
Depth	水平深度指数	1214	0.679	0.282	0	1.389
Exec	执行度指数	1214	0.317	0.971	-2.244	2.261
Mar	市场规模	1214	2.906	0.258	2.257	3.881
Trade	双边经贸关系	1214	4.341	0.528	-1.608	6.081
Inst	制度质量	1214	0.929	4.562	-8.236	9.701
Wage	劳动力成本	1214	9.091	1.438	5.455	11.63
NR	自然资源禀赋	1214	2.764	1.391	-4.205	4.594
Pote	市场潜力	1214	3.584	3.902	-17.67	34.47
Edb	营商环境	1214	4.117	0.251	1.572	4.485

表 6 - 10　　　　　　　　　　变量相关系数矩阵

变量	EMODI	IMODI	Sign	Breadth	Depth	Exec	Mar
EMODI	1						
IMODI	0.242	1					
Sign	0.110	0.0865	1				
Breadth	0.287	0.225	-0.0426	1			
Depth	0.291	0.266	0.163	0.441	1		
Exec	0.0832	0.0642	-0.0437	0.210	0.101	1	
Mar	0.348	0.176	0.119	0.166	0.148	0.269	1
Trade	-0.0961	-0.0532	0.0423	-0.0670	-0.115	0.371	-0.0993
Inst	0.0523	0.0562	-0.0560	0.190	0.0904	0.825	0.225
Wage	0.0456	0.0962	0.0225	0.203	0.169	0.806	0.254
NR	0.0191	0.0519	0.0455	0.0558	0.119	-0.126	-0.102
Pote	0.0235	-0.0054	-0.0253	-0.160	-0.142	-0.265	0.0200
Edb	0.138	0.0835	0.120	0.152	0.101	0.476	0.296

6.3.2 BITs 质量对中国企业 OFDI 二元边际回归分析

1. 基准回归

本书首先采用混合面板数据法（POLS）对 BITs 条款异质性对我国企业 OFDI 二元边际的影响进行初步回归，结果显示于表 6-11 的第（1）和第（3）列。从表中可以看出，BITs 具体内容条款的广度、水平深度以及最终的执行程度对中国企业海外直接投资的范围的影响效应并没有非常显著，对规模则没有显著的影响。可能的原因是本书采用的关于我国企业 OFDI 二元边际的数据来源于中国全球投资跟踪数据库，该数据库统计了中国 1237 个企业对外直接投资 100 万美元及以上的投资项目，因此存在部分东道国投资额为零的情况。为了解决和应对数据中普遍存在的异方差和零值的情况，本书使用泊松极大似然估计（poisson maximum likelihood estimation，PPML）方法来估计基准模型，结果见表 6-11 的第（2）列和第（4）列。

表 6-11　　　BITs 质量对中国企业海外直接投资二元边际回归分析

变量	扩展边际		集约边际	
	（1）	（2）	（3）	（4）
Breadth	0.176 **	0.085 ***	10.24	0.005
	(2.57)	(2.97)	(0.50)	(0.08)
Depth	1.644 **	0.911 ***	704.2 **	1.610 **
	(2.90)	(3.39)	(4.17)	(2.49)
Exec	0.097	0.194 **	9.249	0.119
	(0.38)	(1.73)	(0.12)	(0.77)
Mar	3.375 ***	1.477 ***	249.0 **	1.070 ***
	(9.37)	(8.04)	(2.32)	(3.62)
Trade	-0.581 ***	-0.090	-109.2 **	-0.080
	(-3.42)	(-1.31)	(-2.16)	(-0.82)
Inst	0.044	-0.013	-6.730	-0.050
	(0.81)	(-0.65)	(-0.42)	(-1.41)
Wage	-0.474 ***	-0.135 **	37.73	-0.137 *
	(-3.77)	(-2.42)	(1.01)	(1.67)

续表

变量	扩展边际		集约边际	
	（1）	（2）	（3）	（4）
NR	0. 198 ***	0. 014	16. 59	0. 050
	（2. 93）	（0. 54）	（0. 82）	（0. 87）
Pote	0. 060 ***	0. 051 ***	10. 37	0. 035 ***
	（2. 62）	（4. 85）	（1. 52）	（2. 87）
lnEdb	1. 459 ***	0. 130	128. 1	0. 148
	（3. 11）	（0. 55）	（0. 92）	（ - 0. 68）
_cons	- 11. 70 ***	- 4. 562 ***	- 1481. 7 **	0. 548
	（ - 5. 06）	（ - 3. 91）	（ - 2. 15）	（0. 36）
样本量	1214	1214	1214	1214
年份固定效应	否	是	否	是
国家固定效应	否	是	否	是

注：*、**、*** 表示在10%、5%、1%的水平下显著；括号内的数字为 t 检验值。

第（2）列和第（4）列则分别说明在控制了年份和国家固定效应的情形下，BITs 的签署以及条款异质性对我国企业 OFDI 二元边际的影响。首先可以看到，我国企业与东道国间签署 BITs 的这一举动对我国企业海外直接投资的扩展边际有显著的正向影响，对原有企业扩大投资有一定的正面促进效果，但并不显著。这表明，我国与东道国之间签订的 BITs，的确能够给予母国投资企业更多的投资信心与保障，促进那些犹豫不决的潜在投资者进行海外投资。但是，BITs 的生效并不会对企业投资规模带来明显的促进效果，这或许也和 BITs 关键条款对 OFDI 二元结构的作用机理差异相关。BITs 的投资争端处理制度，主要是对企业投资事后的一个维护机制，尽管促进公司做出对所在国进行投资的决定，但本身并不影响公司所投资项目的实际收益水平，也因此对企业投资项目规模并没有造成重要影响。其次，可以看到，已经签订和生效的 BITs 的条款广度、水平深度和最终执行度都明显带动了 OFDI 扩展边际的提升，而对于集约边际，条款水平深度在5%的水平下显著，条款广度和最终执行情况有一定的正向推动作用，但并不显著，从而验证了理论机制。事实上，根据我国同东道国所签订并生效的有关 BITs 的具体规定内容，如投资促进措施、投资待遇以及争端处理方法等包含的范围越广、水平深度越深、执行落实程度越高，越能降低投资者的风险和成本，降低进入门槛。在生产要素和产品生产既定的情况下，成本的降低就意味着利润的扩大，某些长期亏损企业甚至可转亏为盈实现正常盈利，而本来就盈利的公司则可转移劳动力过剩生产和扩大市场占有率，甚至开始开展向国外的直接投资，这样推动了投资扩展边际的扩大。另一方面，条款具有较高广度和执行度的 BITs 能扩大我国企业 OFDI 的集约边际，但是数值比较小，也不显著。而条款水平深度对投资集约边际有较为显著的促进作用，但作用小于对扩展边际的影响。背后的原因可能是，企业在抉择是否追加投入资金和扩大既有的投资规模时，一方面比起 BITs 所包含的具体条款内容的种类，更多受到所签署条款水平深度的影响，因为企业已经在该国进行投资，了解哪部分条款对本企业和本行业的保护作用最大，当这部分条款的水平深度加大时，对自身保护作用将加大，促进企业将更多的投资盈余在当地进行再投资。另一方面，企业本身的资本运营状况、东道国的发展水平、要素禀赋以及产业结构也是重要的影响企业追加投资的因素。

从实证结果可以得出，BITs 对我国企业海外直接投资增加的促进作用大部分来自扩展边际。更为关键的是相比于集约边际来说，扩展边际主要是采取了扩展投资主体、增加投资对象和提高投资行业数量等方法促进资本增量，所以企业对抗外来的冲击能力更强，经济成长模式也更为平稳。由此可见，在多边 IIAs 难以推进的现实背景下，OFDI 不但能够鼓励更多的中国企业进行海外投资，也同时可以实现海外投资增长的稳健性与持久性，其在经济全球化的当下发挥着重要的作用。

从控制变量来看，在投资二元边际整体来看，东道国的市场规模、市场潜力以及控制了区域固定效应的营商环境系数显著为正，而东道国资源禀赋的系数虽然为正，但并不显著。同时，东道国的劳动力成本系数显著为负。这表明了东道国的市场主体规模、市场潜力、资源禀赋、劳务成本及其营商环境便利化水平这些因素是促进我国企业在海外直接投资市场多元化发展的关键因素，并说明了我国企业海外直接投资存在着显著的市场寻找动机、效益寻找动机和一定的资源寻找动因。此外，双边经贸关系和东道国的制度质量系数不显著为负。其中，东道国的制度质量越高，中国企业海外投资二元边际反而越少，可能的原因是发达国家市场法制环境完善，对外商投资的合规化要求复杂且严格，中国企业尚处于"走出去"的初级阶段，企业海外治理能力较低，探索如何在严格制度环境下合规化经营将产生较大的学习与试错成本、法务成本，侵蚀企业海外投资经营初始阶段的利润。因此大多数的中国企业减少了对东道国完善法制环境的投资需求，选择法制环境尚不完善的东道国进行直接投资。东道国较低的法制环境，对外商投资合规化审查、监管宽松且笼统，曾在相似法制度环境下发展的中国企业可以较快适应东道国的制度环境差异，从而降低在东道国的制度适应成本，提高海外投资经营利润。双边经贸关系越密切，中国企业海外投资二元边际越少的一个可能的原因是投资与贸易之间的替代效应。

2. 异质性检验

（1）BITs 质量对我国 OFDI 二元边际影响的国家差异。

本章实证样本选取的与我国签订 BITs 的 93 个国家中，既有在政治、经济、文化等领域都遥遥领先的发达国家，也有较为落后的发展中国家和转型经济体。这些不同类型的经济体的国内制度环境存在着明显的不同，签订 BITs 的质量对 OFDI 及其二元结构产生的影响效果及方向可能因国家发展差异而现较大差异。基于此，本书将具体考察 BITs 质量对不同发展水平经济体影响的差异性。参考世界银行（2015）分类准则，① 将整体样本分为发达国家、发展中国家和转型经济体分别进行分析，来验证 BITs 质量，结果如表 6 - 12 所示。整体上看，BITs 的签订和条款质量对中国企业在这三类国家中投资的扩展边际影响效应均超过集约边际，与总样本回归结果基本一致。与此同时，BITs 条款的广度、水平深度和最终执行程度的改善，对中国企业在发展中国家和转型经济体的投资规模和范围的促进作用明显优于向发达国家的投资规模与范围。对此结果可能的解释是，BITs 的签订和质量的提高能够促进企业向缔约国投资，很大一部分的原因是弥补或者替代东道国制度环境上的缺失，从而对投资者提供保护和风险保障，而发达国家本身的制度环境良好，BITs 发挥的作用较小。技术标准、知识产权、环保标准、劳工标准、合规化审查等方面的进入壁垒是中国企业向发达国家市场投资或者扩大投资规模与范围的主要障碍。

---

① World Bank Country and Leading Groups. World Bank （2016 - 08 - 01）.
How does the World Bank Classify Countries? World Bank （2015 - 07 - 01）.

表 6－12   BITs 质量对我国 OFDI 二元边际影响的国家差异

变量	南北型 BITs		南南型 BITs	
	扩展边际	集约边际	扩展边际	集约边际
$Sign$	0. 293 *	2. 951	0. 596 *	0. 378
	(0. 38)	(2. 94)	(0. 24)	(1. 32)
$Breadth$	0. 0636	0. 131	0. 143 ***	0. 544
	(0. 66)	(0. 72)	(3. 15)	(0. 80)
$Depth$	0. 339 ***	1. 042	0. 722 ***	1. 211 *
	(1. 04)	(0. 84)	(1. 67)	(1. 92)
$Exec$	1. 338 *	0. 192	0. 404 ***	0. 703
	(5. 00)	(0. 33)	(0. 37)	(0. 43)
Mar	1. 637 ***	− 0. 087	1. 546 ***	1. 613 ***
	(3. 68)	(− 0. 12)	(6. 21)	(4. 74)
$\ln Trade$	− 0. 830 ***	− 0. 233	0. 003	0. 037
	(− 4. 47)	(− 0. 61)	(0. 10)	(0. 67)
$Inst$	− 0. 218 ***	− 0. 089	0. 001	− 0. 071 *
	(− 4. 03)	(− 0. 70)	(0. 04)	(− 1. 90)
$\ln Wage$	− 0. 328 *	0. 691 *	0. 044	0. 069
	(− 1. 95)	(1. 71)	(0. 80)	(0. 99)
$\ln NR$	0. 102	− 0. 014	0. 054 **	0. 065 **
	(1. 56)	(− 0. 09)	(1. 98)	(2. 01)
$Pote$	0. 063 *	0. 021	0. 031 ***	0. 034 ***
	(1. 66)	(0. 29)	(2. 91)	(2. 86)
$\ln Edb$	2. 224 **	− 0. 287	0. 043	0. 067
	(1. 98)	(− 0. 11)	(0. 37)	(0. 46)
$\_cons$	− 9. 082	− 3. 751	− 5. 622 ***	− 1. 336
	(− 1. 59)	(− 0. 29)	(− 5. 27)	(− 0. 94)
样本量	420	420	747	747
年份固定效应	是	是	是	是
国家固定效应	是	是	是	是

注：＊、＊＊、＊＊＊表示在 10%、5%、1% 的水平下显著；括号内的数字为 t 检验值。

（2）BITs 质量对 OFDI 二元结构影响的条款异质性分析。

从全样本基准回归结果中可以分析出，中国与不同的东道国之间签订的 BITs 条款的广度、水平深度和执行度是具有差异的，对中国企业在该国投资规模与范围的促进作用也具有异质性。潜在东道国通过签订 BITs 传递赋予经济活动以保障与自由、获得政治风险保证等积极信号影响中国企业的 OFDI 的规模与范围。由于早期 BITs 具有的结构和内容严格程度基本相似，一致性较高，因此这种假设方法具有一定的合理性。然而，随着全球化加速发展，资本等要素跨境流动的规模、速度与日益复杂的新形式对投资协定提出了更高的保护诉求与东道国规制能力，BITs 等 IIAs 的更新变革速度加快，从而导致新一代投资协定与旧投资协定存在较为显著的差异。BITs 的文本质量差异主要包含投资定义、负面清单、准入前国民待遇、争端解决机制、国民待遇、知识产权保护、社会责任等关键条款设计与内容的差异，这些关键条款设计与内容安排对企业的 OFDI 规模与结构会产生较大程度的影响差异。签订了包含投资者—国家争端解决机制、征收征用、负面清单准入等在内的高质量条款与文本内容的 BITs 更加有利于为外商投资提供全面的投资权益保障，从而促进企业海外投资的意愿与范围拓展。由于 BITs 具体的谈判过程和外商投资对权益保障诉求间存在着一定差异，因而 BITs 通过条款设计安排机制与内容的严格程度对中国企业的 OFDI 决策、规模与范围产生差异性影响。从内容上看，BITs 通过多个内在机制环节为外商投资规模与范围提供权益保障，全球不同的国家（或地区）在不同发展时期签订或修订的各个 BITs 在具体条款设计框架以及条款内容安排上具有较大的差异性，从而对 OFDI 的规模与范围的影响及其影响程度也存在较大差异性。因此，当中国与缔约国实施的 BITs 涵盖的现代条款越广泛，其内容安排越严格，对中国企业 OFDI 二元边际的保护和促进作用越强。而中国与不同缔约伙伴国签订或修订的每一份 BITs 条款设计的结构特点和内容的严格程度的差异也越来越明显，即不同类型的条款在促进和保护投资者权益与维护东道国规制权时扮演着不同的角色。因此，本章根据截止到 2022 年 6 月我国已经签订或修订的 BITs 条款框架设计与文本内容安排，将 BITs 按结构特点与内容特征分为投资促进类条款、风险保证类条款和争端解决类条款三种不同的类型。

表 6-13 展示了投资促进类条款、风险保证类条款和争端解决类条款的广度和水平深度分别对中国企业 OFDI 扩展边际和集约边际影响的回归结果

分析。表 6 - 13 的第（1）列、第（2）列和第（3）列分别给出了三种类型条款的广度和水平深度对扩展边际的影响。从条款的广度上看，只有争端解决类条款系数显著为正，投资促进类条款和风险保证类条款的系数虽然为正，但没有通过显著性检验。这表明 BITs 条款广度对 OFDI 扩展边际的促进作用大部分源于争端解决类条款的广度，即加大争端解决类条款所涉及的范围最有可能促进潜在投资企业进行海外投资活动。从条款的水平深度上看，三种类型的投资条款系数均在 1% 的水平上显著为正，表明投资促进类条款、风险保证类条款和争端解决类条款水平深度提高对中国企业新增投资活动均具有显著正向影响。其中，投资促进类条款在三个分项指数中系数最大，说明其对企业进行投资的促进作用最强，争端解决类条款的系数是三个分项指数最小的，说明其促进作用最弱，而风险保证类条款对于投资扩展边际的促进作用介于投资促进类条款和争端解决类条款之间。

表 6 - 13　　　BITs 质量对中国企业 OFDI 二元边际影响的条款类型差异

变量	扩展边际			集约边际		
	(1)	(2)	(3)	(4)	(5)	(6)
PromBreadth	0.010 (0.21)			0.030 (0.39)		
PromDepth	1.230*** (4.29)			1.111** (2.07)		
GuarBreadth		0.050 (0.69)			0.045 (0.44)	
GuarDepth		0.693*** (3.43)			1.013** (2.12)	
SettBreadth			0.346*** (3.43)			0.338 (2.63)
SettDepth			0.334*** (2.81)			0.442*** (2.71)
Mar	1.636*** (8.62)	1.514*** (7.91)	1.812*** (10.00)	1.282*** (4.67)	1.224*** (3.76)	1.398*** (5.22)
lnTrade	−0.067 (−1.00)	−0.006 (−0.08)	−0.022 (−0.31)	−0.090 (−0.87)	−0.024 (−0.19)	−0.069 (−0.73)

续表

变量	扩展边际			集约边际		
	(1)	(2)	(3)	(4)	(5)	(6)
Inst	−0.028	−0.015	−0.003	−0.017	−0.058 ***	−0.035
	(1.64)	(−1.00)	(0.20)	(−0.73)	(−2.81)	(−1.53)
ln*Wage*	−0.132 **	−0.041	−0.070	0.129	−0.225 ***	−0.174 **
	(−2.27)	(−0.76)	(−1.20)	(1.57)	(2.87)	(1.96)
ln*NR*	0.037	0.022	0.005	0.090 *	0.056	0.040
	(1.42)	(0.79)	(0.16)	(1.72)	(0.98)	(0.62)
Pote	0.048 ***	0.047 ***	0.054 ***	0.034 ***	0.033 ***	0.038 ***
	(4.33)	(5.04)	(5.36)	(2.82)	(2.82)	(3.04)
ln*Edb*	0.051	0.241	0.098	0.197	0.118	0.132
	(0.23)	(0.93)	(0.41)	(−0.94)	(−0.54)	(−0.61)
_cons	−3.996 ***	−5.041 ***	−5.109 ***	0.945	−0.001	0.214
	(−3.94)	(−4.42)	(−4.95)	(0.72)	(−0.00)	(0.17)
样本量	1214	1214	1214	1214	1214	1214
年份固定效应	是	是	是	是	是	是
国家固定效应	是	是	是	是	是	是

注：* 、** 、*** 表示在 10%、5%、1% 的水平下显著；括号内的数字为 t 检验值。

　　表 6 - 13 的第（4）列、第（5）列和第（6）列分别列示了三种类型条款的广度和水平深度对于集约边际的影响。从条款的广度上看，三种类型的条款系数都为正，但都不显著，说明三种类型条款涉及的范围扩展对原有企业加大投资力度的促进作用均较小。从条款的水平深度上看，争端解决类条款系数在 1% 条件下显著为正，投资促进类条款和风险保证类条款系数在 5% 条件下显著为正，且前者的系数大于后者。这表明争端解决类条款水平深度提高对原有企业加大投资力度的促进作用最强，接下来是投资促进类条款，最后是风险保证类条款。

　　从 BITs 分项条款的广度看，除了加大争端解决类条款所涉及的范围对投资扩展边际有显著的促进作用以外，其余类型条款广度的加大对 OFDI 二元边际的促进均有一定的推动作用，但都不显著。可能的原因一方面是中国与大多数东道国签署的 BITs 中所涉及的投资促进类条款和风险保证类条款的种类数没有太大差异，几乎都包含公平公正待遇、投资促进措施、最惠国待遇、征收及损失补偿标准等，在许多协定都包含的情况下，就无法比较该条款发挥的作用了。另一方面，在两国签订的协定中，比起是否涵盖某一条款，条款内容是否具有法律约束力以及是否可以切实保护投资者利益更加受到投资者关注。即使两国签订的协定涵盖所有的实体条款、程序条款等，但每项条款仅仅列示一些浅显的、没有法律约束性的约定，也并未依据签约国间双向 FDI 流动的特点设计条款内容，那么这份协定对投资者的保护力度是不足的，投资者也没有充分的信心进入该国或者加大投资力度。

从 BITs 条款水平深度来看，三种类型条款水平深度的提高对投资二元边际均有显著的促进作用。东道国与我国签署的 BITs 条款的水平深度越深，就越能给我国海外投资释放出想要持续且坚定地遵守保护外商投资和保障两国间经贸合作协议的信号，也因此提高了企业向该国投资的信心，也减少了潜在投资者区位选择与投资决策上的成本，从而增加了其预期收益。而公司利润的扩大不但能够在既定国别或产业上追加投入，推动集约边际的提升，同时也能够鼓励公司投入新的东道国或新的产业，从而促进扩展边际的提高。

为了更好地考察 BITs 中具体的差异性条款水平深度对投资二元边际的影响，进一步将每种类型条款中具有重要影响的条款分离出来，考察其对投资二元边际的影响。通过对联合国贸易和发展会议（UNCTAD）投资争端解决案例库中全球投资者—国家争端解决涉及的东道国违约条款的梳理，以及对中国作为东道国被外商投资企业因违反国际投资条约具体条款与中国企业作为海外投资者发起的东道国违反国际投资条约具体条款的梳理，发现因缔约一方违反投资促进类条款中的出公平公正待遇（FET）、最惠国待遇（MFT）、国民待遇（NT），风险保证类条款中的征收补偿条款（EC），争端解决类条款中的争端解决（SOD）和保护伞条款（PU）的案例数量在 UNCTAD 投资争端解决案例库中的比重较高。[①] 基于此，将投资促进类条款进一步分解出公平公正待遇（FET）、最惠国待遇（MFT）、国民待遇（NT），风险保证类条款进一步分解出征收补偿条款（EC），争端解决类条款进一步分解出争端解决（SOD）和保护伞条款（PU），考察三类条款中在 BITs 等国际投资条约争端解决案例中比较重要的具体条款对扩展边际和集约边际的影响，实证结果如表 6 – 14 所示。第（2）列和第（4）列分别列示三类条

---

① https：//investmentpolicy. unctad. org/investment-dispute-settlement.

款中较为重要的二级指标分别对扩展边际和集约边际的影响：投资促进类条款首先在投资扩展边际的回归系数最大、最显著，其次是在投资集约边际，这表明投资促进类条款是推动中国企业 OFDI 规模和范围多元化的最重要因素，中国 BITs 实践正在由强调对外商投资权益保护转向促进与保护中国企业 OFDI。进一步分解可以发现，公平公正待遇和国民待遇对投资二元边际的回归最显著。这主要是因为国民待遇、平等公正待遇可以让海外投资者和东道国本土企业在相同的经营条件下竞争，从而减少了跨国公司的交易成本，促进更多的企业进入东道国。风险保证类条款也显著促进了投资二元边际。

表 6 - 14　　BITs 质量对中国企业 OFDI 二元边际影响的实体、程序条款差异

变量	扩展边际		集约边际	
	（1）	（2）	（3）	（4）
PromDepth	1. 230 ***		1. 111 **	
	(4. 29)		(2. 07)	
FET		0. 901 ***		0. 400 ***
		(9. 11)		(3. 05)
MFT		0. 315		0. 324
		(1. 64)		(1. 31)
NT		0. 377 ***		0. 631 ***
		(5. 45)		(0. 45)
GuarDepth	0. 693 ***		1. 013 **	
	(3. 43)		(2. 12)	
EC		0. 201 ***		0. 124
		(2. 99)		(0. 96)
SettDepth	0. 334 ***		0. 442 ***	
	(2. 81)		(2. 71)	
SOD		0. 168 *		0. 185
		(1. 69)		(1. 12)
PU		0. 185 ***		0. 246 ***
		(3. 36)		(2. 85)
Mar	1. 737 ***	1. 706 ***	1. 194 ***	1. 286 ***
	(9. 10)	(8. 70)	(4. 08)	(3. 94)

续表

变量	扩展边际		集约边际	
	(1)	(2)	(3)	(4)
lnTrade	−0.079 (−1.16)	−0.084 (−1.40)	−0.081 (−0.87)	−0.082 (−0.80)
Inst	−0.030* (1.78)	−0.019 (−1.23)	−0.025 (−1.16)	−0.035 (−1.59)
lnWage	−0.135** (−2.35)	0.000 (0.00)	−0.142* (1.72)	−0.179** (2.08)
lnNR	0.031 (1.14)	0.026 (0.89)	0.054 (0.93)	0.061 (0.98)
Pote	0.049*** (4.42)	0.048*** (4.45)	0.0365*** (3.05)	0.0373*** (3.08)
lnEdb	0.077 (0.35)	0.111 (0.50)	0.142 (−0.66)	0.159 (−0.72)
_cons	−4.154*** (−4.09)	−5.473*** (−5.10)	0.998 (0.80)	0.445 (0.33)
样本量	1214	1214	1214	1214
年份固定效应	是	是	是	是
国家固定效应	是	是	是	是

注：*、**、***表示在10%、5%、1%的水平下显著；括号内的数字为t检验值。

进一步分解可以发现，对于投资扩展边际来说，征收补偿条款是风险保证类条款的主导条款，但对于集约边际却不是。这主要是因为如果签约国遵守条约履行义务，即使出于国家公共利益等例外原因在对外商投资实施征收等措施时，也需要对被征收、征用的外商投资进行及时、充分的赔偿。所以，协定中规定的违约费用越高，缔约国在试图对外商投资企业采取征收措施而损害外商投资权益时就会越谨慎，采取行动的可能性就越小，也因此降低了外商投资者的投资风险，促进新的投资者进入，但是征收补偿条款以及争端解决条款不能为企业带来经营利润的提高，因此其对原有企业加大投资的促进作用并不显著。争端解决类条款对OFDI二元边际的促进作用主要来自保护伞条款。保护伞条款规范了缔约任何一方政府必须履行其对缔约另一方投资者所做出的权益保障承诺，保护伞条款能够保障投资人的合同权利不受任何干预。因此，保护伞条款对中国企业投资的二元边际都起着较大的促进作用。

（3）BITs 质量对 OFDI 二元结构影响的行业异质性分析。

BITs 质量在推动投资发展方面的效果可以因产业性质不同而出现差异。不同的行业因其本身的属性在抵抗外部风险能力、投资沉没成本以及专有技术水平上存在很大的差异（如图 6-7 所示），采矿业、制造业、[①] 电力燃气供应、建筑业[②]等行业固定成本投入占比较高，一旦在东道国遭遇潜在"征收""征用"风险，较高的固定成本转变为沉没成本，海外投资者损失较高。信息通信服务业、[③] 金融保险服务业、[④] 专业生产性服务业[⑤]专业化人力资本、专有技术投入程度较高，对东道国契约执行效率和法制环境水平要求较高，东道国相关产业政策变化及其调整频率等给海外投资者造成较高的机会成本与潜在利润损失。这使得分行业来研究 BITs 条款深度对中国企业对外投资二元边际的影响变得更加重要。外商投资中专用性资产比重越高，海外投资者在东道国生产经营面临的不确定性风险越高。能源、资源、基础设施建设等行业资产专用性高，要求完善的契约执行保障。外商投资企业为保障巨额的先期专用性投资，要求潜在东道国为海外投资企业提供完善、健全的财产权保护制度。上述行业外商投资企业一旦投入巨额事前专用性投资，形成沉没成本，议价优势便由外商投资企业转移到东道国政府，一旦外商投资的事前议价优势消失，东道国政府就会产生重新谈判来获取更多利益的动机，比如，单方变更税收政策及措施、变更合同条款等间接"征用"行为。因此，完善、健全的财产权保护制度环境对能源等行业海外投资尤为重要。由于东道国制度环境腐败、低效率，以及对海外投资者的歧视倾向，高质量的 BITs 成为替代东道国制度环境保护海外投资权益的有效机制。高质量的

---

① 其中，食品饮料制造行业涉及的投资仲裁占 3.7%，基础金属制造行业涉及的投资仲裁占 1.8%，其他非金属矿产制造行业涉及的投资仲裁占 1.6%，化工制造行业涉及的投资仲裁占 1.4%，其他制造业行业涉及的投资仲裁占比均低于 1%。

② 其中，房屋建造业涉及的投资仲裁占 5%，土木、市政工程建造涉及的投资仲裁占 5.6%，其他专业类工程建造涉及的投资仲裁占 0.6%。

③ 其中，电信服务业涉及的投资仲裁占 5%，广播服务行业涉及的投资仲裁占 0.9%，其他信息通信相关服务业涉及的投资仲裁占比均低于 0.5%。

④ 其中，金融服务业（不含保险及养老基金业务）涉及的投资仲裁占 7.6%，不含强制性社会保障的保险、再保险和养老基金的金融服务业涉及的投资仲裁占 0.9%，其他专业金融服务涉及的投资仲裁占 0.2%。

⑤ 其中，租赁及租赁服务业占比涉及的投资仲裁占 0.7%，其他专业生产性服务业涉及的投资仲裁占比均低于 0.5%。

BITs 使跨国企业在东道国的资产交易增值，企业资产交易增值程度与企业金融资源充裕度、对企业的实际控制权成正比。

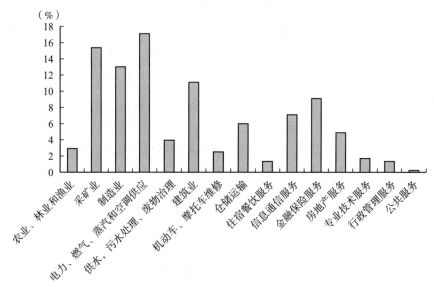

图 6 - 7　东道国潜在投资风险对海外投资者影响的行业特征差异

资料来源：笔者依据国际投资争端仲裁案例库整理、绘制而成。

因此，综合考虑中国对外投资的行业规模、行业资产专用性程度、行业契约执行依赖密集程度三方面指标，选择了采矿业与电力燃气供应（EI）、交通运输业（TI）、金属制造业（ME）、房地产行业（RE）、金融服务业（FI）、专业技术服务行业（ST）、公共服务（PU）七个行业 OFDI，考察 BITs 质量对中国企业海外直接投资二元边际影响的行业异质性。

表 6 - 15 汇报了 BITs 的签署以及质量对不同行业投资扩展边际影响的回归结果。从表中各列估计结果看，BITs 对不同行业影响的估计系数存在显著的差异性。针对一些以沉没成本高、公司专有技术相对较少为特征的行业，两国间通过签订高质量的 BITs 提供的保障对产业投资发展的带动效果更强，由于东道国政府干涉接管一项专用性资产比重较高的项目更加容易且利润空间更高，因此，对于企业来说，征收、征用风险随着投资沉没成本的增加而增加。对公共事业和房地产行业的投资通常就属于这种情况。公共事业与房地产行业的特征是行业进入的专用性启动成本较高，可变成本相对较低，这使得法治环境较差的东道国政府通过征收征用获得收益、违反国际投资条约义务的动机较强，因此在上述两个行业进行投资的企业对于高质量

BITs 的需求较大。具体来看，除了 BITs 的签署，其余变量对公共事业（PU）和房地产行业（RE）影响的估计系数均显著为正，说明提高 BITs 的广度、水平深度与执行度有助于显著提升公共事业和房地产行业 OFDI 的多元化程度，促进企业再投资和投资新的部门。

表 6 – 15　　　　　BITs 条款质量对 OFDI 扩展边际影响的行业差异

变量	RE	FI	TI	ST	PU	ME	EI
Sign	0. 149	0	0. 413	− 0. 369	1. 313	0. 029	0. 107
	(0. 31)	(0. 00)	(0. 88)	(− 0. 53)	(1. 07)	(0. 07)	(0. 31)
Breadth	0. 313 ***	− 0. 018	0. 150 ***	0. 120	0. 286 ***	0. 045	0. 091
	(0. 48)	(− 0. 12)	(2. 78)	(1. 22)	(2. 76)	(0. 40)	(1. 65)
Depth	2. 123 ***	2. 501 **	0. 612 **	0. 092	1. 128 ***	2. 917 *	0. 163
	(3. 40)	(2. 22)	(0. 13)	(0. 10)	(1. 43)	(2. 78)	(0. 34)
Exec	0. 743 **	1. 482 ***	0. 923 **	− 0. 395	1. 339 ***	0. 321	0. 190
	(2. 25)	(2. 63)	(0. 05)	(− 0. 96)	(2. 61)	(1. 17)	(1. 28)
Mar	1. 191 ***	1. 432	1. 167 ***	− 0. 356	4. 274 ***	2. 246 *	1. 749 ***
	(3. 45)	(1. 40)	(3. 60)	(− 0. 59)	(4. 03)	(4. 42)	(6. 49)
ln*Trade*	− 0. 155	− 0. 585 **	0. 038	− 0. 004	− 0. 156	− 0. 047	− 0. 125
	(− 1. 18)	(− 2. 07)	(0. 36)	(− 0. 01)	(− 0. 51)	(− 0. 29)	(− 1. 35)
Inst	− 0. 093 *	− 0. 159	0. 009	0. 148	− 0. 198 **	0. 101 *	− 0. 021
	(− 1. 88)	(− 1. 38)	(0. 23)	(1. 62)	(− 2. 02)	(1. 84)	(− 0. 69)
ln*Wage*	− 0. 061	0. 316	− 0. 120	0. 208	− 0. 135	− 0. 535 ***	− 0. 255 ***
	(− 0. 43)	(0. 92)	(− 1. 31)	(0. 97)	(− 0. 65)	(− 3. 21)	(− 3. 16)
ln*NR*	0. 039	− 0. 077	− 0. 025	− 0. 121	− 0. 107	0. 568 ***	0. 077 *
	(0. 61)	(− 0. 52)	(− 0. 58)	(− 1. 09)	(− 0. 93)	(4. 44)	(1. 79)
Pote	0. 093 ***	0. 124 ***	0. 049 ***	0. 089 **	0. 037	0. 038	0. 035 **
	(3. 53)	(2. 65)	(3. 09)	(2. 19)	(0. 89)	(1. 49)	(2. 44)
ln*Edb*	0. 252	− 0. 555	− 0. 172	− 0. 495	− 1. 671 ***	2. 506 **	0. 813 *
	(0. 36)	(− 0. 62)	(− 0. 48)	(− 0. 89)	(− 2. 64)	(2. 31)	(1. 82)
_cons	− 6. 824 **	− 7. 738	− 4. 984 ***	− 2. 220	− 10. 57 *	− 16. 83 ***	− 7. 749 ***
	(− 2. 38)	(− 1. 40)	(− 2. 63)	(− 0. 74)	(− 1. 88)	(− 4. 51)	(− 4. 16)
样本量	1214	1133	1214	1062	1131	1214	1214
年份固定效应	是	是	是	是	是	是	是
国家固定效应	是	是	是	是	是	是	是

注：*、**、*** 表示在 10%、5%、1% 的水平下显著；括号内的数字为 t 检验值。

同样，敏感性较高的行业也更容易受到政策逆转和征用的风险，高质量的 BITs 为外商投资企业在东道国上述行业投资经营获得收益提供额外的权益保障。交通运输业（TI）往往被认为对政治和经济独立乃至国家安全至关重要。具体来看，除了 BITs 的签署，其余变量对交通运输业（TI）影响的估计系数均显著为正。这可能是因为：东道国政府对于带有重大公共意义的交通运输基础设施投资领域的投资更为敏感，并且往往为了高速公路等重要交通运输产业培育的目的，在项目建立或者通过阶段中往往设置障碍，使得在项目的执行进程中非常容易受该国政治或者宏观经济环境的影响，从而导致企业对外投资困难。所以，中国通过同缔约国政府签订高标准的 BITs，可以保护中国企业减少或者防止发生在东道国企业的政治经营风险，从而鼓励中国中小企业在当地开展投资活动。

与公共事业、交通运输业以及房地产行业形成鲜明对比的是，BITs 的广度与水平深度对科技行业（ST）和金融业（FI）的影响系数为正，但没有通过显著性检验，甚至签订 BITs 与执行度对其影响系数为负数，说明两国之间的签订的 BITs 质量对企业在东道国的科技行业和金融行业投资扩展边际的促进作用并不显著。主要原因可能是：科技行业的企业通常都具有较高的专业知识技术水平，可转移性轻资产占企业总资产比重较高，比较容易地被东道国政府征收征用的风险较低。即使东道国政府征收了外商投资企业的上述专业性轻资产，但征收后依旧无法掌握企业核心的、非物质的、特定的生产要素，例如专业管理知识与人才、核心技术、管理经验等，这些往往更加重要。因此，科技行业和金融业等高端服务业 OFDI 对两国之间签订的高质量 BITs 提供的额外保护的需求较小，其中的投资促进措施或可持续性发展条款与负责任商业行为条款可能会对企业的投资扩展边际起到一些促进作用。整体上看，提高 BITs 的广度和水平深度对企业在科技行业的影响效应较小。

同时，对能源行业投资的促进作用也不显著。能源资源寻求型 OFDI 更大程度上依靠中国与东道国间良好稳健的政治关系，因此中国企业在东道国能源资源寻求型 OFDI 对抗风险的能力较强，因此较少重视东道国的制度环境，同时也较少考虑两国之间是否签订 BITs 及其质量。此外，相较于其他行业，东道国能源资源行业优越的禀赋是其积极吸收外资的重要优势。换言之，能源行业在选择海外投资的区位时，优先考虑的是该国是否有满足需求的自然资源以及资源的充裕程度，而两国之间是否签订 BITs 以及 BITs 条款设计和内容安排的严格程度不是重要的影响因素。因此，从长期来看，提高 BITs 的条款质量并不会有效促进能源资源行业投资扩展边际的增加。

进一步，从表 6 - 16 的估计结果看，各个行业样本中 BITs 质量对企业 OFDI 的规模具有较明显的影响差异。虽然高质量和高执行率的 BITs 有效推动了地产行业、公共事业、交通运输业等投资沉没成本较高和社会敏感性行业的对外投资规模的增长，但对能源行业、金属行业等资源获取型行业 OFDI 的推动效果并不显著，而且对沉没成本较低、轻资产占比较高的高科技产业和金融服务产业投资也缺乏较明显的促进作用，这也和扩展投资边际的预测结果一致。具体来看，BITs 条款内容水平深度的提高显著促进了沉没成本和政治敏锐性较高的行业海外投资规模的提高。这说明 BITs 条款内容的加深有助于降低政治风险、征收风险和进入门槛，提高企业的预期收益，从而促进企业加大在房地产行业、公共事业以及交通运输业的投资力度。但是对于资源获取型行业和可转移性轻资产占比较高的行业，BITs 条款水平深度的加深并没有显著的促进作用，与扩展边际结果一致，说明这些行业在东道国开展活动所遇到的风险较小、门槛较低，对 BITs 的依赖程度较低。

表 6 - 16　　　　　BITs 条款质量对 OFDI 集约边际影响的行业差异

变量	RE	FI	TI	PU	ST	ME	EI
Sign	0. 629	0. 000	0. 721	0. 256	2. 515	1. 449 ***	1. 080 ***
	(0. 97)	(0. 00)	(1. 28)	(0. 36)	(2. 10)	(2. 76)	(2. 63)
Breadth	0. 094	0. 065	0. 169 *	0. 361	0. 244	0. 085	0. 307
	(1. 07)	(0. 23)	(1. 43)	(3. 16)	(1. 55)	(0. 59)	(4. 11)
Depth	1. 618 **	4. 049	0. 178 ***	0. 864 ***	0. 602	2. 198	0. 737
	(1. 97)	(1. 83)	(0. 17)	(0. 73)	(0. 56)	(1. 59)	(−1. 10)
Exec	0. 727 *	0. 188	0. 362 *	0. 312 *	2. 236	0. 217	0. 375 *
	(1. 83)	(0. 18)	(1. 29)	(0. 70)	(3. 63)	(0. 06)	(−1. 68)
Mar	2. 189 ***	5. 064 **	1. 596 ***	− 0. 950	4. 859 ***	2. 371 ***	2. 122 ***
	(4. 47)	(2. 37)	(3. 11)	(−1. 09)	(4. 17)	(3. 70)	(6. 13)
lnTrade	− 0. 231	0. 695	− 0. 229 *	− 0. 553 **	0. 483	− 0. 205	− 0. 220 **
	(−1. 52)	(0. 90)	(−1. 72)	(−2. 13)	(1. 03)	(−1. 18)	(−2. 50)
Inst	− 0. 076	− 0. 118	− 0. 143 **	0. 006	− 0. 305 ***	0. 092	0. 034
	(−1. 12)	(−0. 66)	(−2. 35)	(0. 05)	(−2. 65)	(1. 41)	(0. 70)

续表

变量	RE	FI	TI	PU	ST	ME	EI
$\ln Wage$	- 0.034 (- 0.23)	0.034 (0.08)	0.080 (0.47)	0.819 *** (2.78)	- 0.224 (- 0.68)	- 0.732 ** (- 3.69)	- 0.105 (- 0.89)
$\ln NR$	0.115 (1.48)	0.147 (0.55)	- 0.052 (- 0.69)	- 0.218 ** (- 1.96)	0.052 (0.33)	0.565 *** (3.34)	0.137 ** (2.18)
$Pote$	0.097 *** (3.47)	0.186 ** (2.55)	- 0.011 (- 0.35)	0.169 *** (3.79)	0.047 (1.22)	0.059 * (1.80)	0.057 *** (3.03)
$\ln Edb$	- 0.060 (- 0.13)	5.180 ** (2.17)	- 0.836 ** (- 1.96)	- 0.011 (- 0.01)	- 2.718 ** (- 2.17)	2.766 * (1.73)	1.107 * (1.84)
$\_cons$	- 3.872 (- 1.30)	- 38.99 ** (- 2.64)	1.945 (0.57)	- 1.892 (- 0.38)	- 4.814 (- 0.69)	- 11.33 * (- 1.96)	- 7.433 ** (- 2.94)
样本量	1214	1133	1214	1062	1131	1214	1214
年份固定效应	是	是	是	是	是	是	是
国家固定效应	是	是	是	是	是	是	是

注：*、**、***表示在 10%、5%、1% 的水平下显著；括号内的数字为 t 检验值。

3. BITs 对 OFDI 二元边际影响的内生性检验

此外，与东道国签署的 BITs 对我国企业 OFDI 二元边际的影响有可能会出现内生性问题。我国与其他国家签订并生效的 BITs 条款内容质量的提升，能够推动我国企业海外投资规模和多元化程度的扩大，而对一国投资规模和范围的扩大也可能反向促使该国对 BITs 的条款内容进行升级，并由此产生了反向因果关系。针对 BITs 与企业 OFDI 间的反向因果关系引发的内生性问题，主要是通过寻找工具变量代替内生变量来解决。工具变量的来源渠道一般有两种：一是寻求外生变量；二是通过利用模型来构造。因为外部变量在实际中比较不易发现，所以一般情况下主要是利用模型来建立。但因为 BITs 具体实施的时期具有相应的时间滞后性，所以，为解决由反向因果关系所引起的回归结果有偏与非一致性问题，本书借用了杨连星和刘晓光（2016）的做法将 BITs 各个指标滞后一期和两期当作工具变量，采用二阶段最小二乘法（two stage least square，以下简称 2SLS）加以回归，具体结论如表 6 - 17 所示。需要指出的是，一种合格的工具变量应该具备关联性，亦即工具变量应该和内生变量有关。对于相关条件，本部分识别不足检验中 KPL 统计量的 P 值均为 0，表明工具变量并不存在识别不足的问题，同时弱工具变量检验中最小特征统计值均大于斯托克—约戈（Stock-Yogo）检验 10% 的临界值，表明工具变量与内生变量之间具有较高的相关性。

表 6 – 17　　　　　　　　　内生性问题处理回归结果

变量	扩展边际		集约边际	
	（1） 滞后一期	（2） 滞后二期	（3） 滞后一期	（4） 滞后二期
Sign	1. 016 *** （3. 37）	1. 367 *** （3. 93）	142. 8 * （1. 73）	57. 63 （0. 43）
Breadth	0. 204 *** （3. 82）	0. 238 *** （4. 19）	15. 77 （0. 93）	7. 216 （0. 39）
Depth	1. 597 *** （3. 37）	1. 463 *** （3. 06）	740. 6 *** （3. 08）	777. 5 *** （3. 25）
Exec	0. 0762 （0. 31）	0. 0306 （0. 12）	18. 03 （0. 25）	8. 771 （0. 12）
Mar	3. 307 *** （9. 05）	3. 225 *** （8. 84）	234. 2 ** （2. 54）	249. 3 ** （2. 50）
lnTrade	− 0. 584 ** （− 2. 40）	− 0. 601 ** （− 2. 44）	− 102. 6 ** （− 2. 17）	− 101. 9 ** （− 2. 10）
Inst	0. 0490 （1. 17）	0. 0605 （1. 40）	− 12. 01 （− 0. 87）	− 10. 35 （− 0. 76）
lnWage	− 0. 476 *** （− 4. 24）	− 0. 478 *** （− 4. 23）	35. 65 （1. 24）	34. 27 （1. 14）
lnNR	0. 192 *** （2. 73）	0. 190 *** （2. 70）	14. 30 （0. 64）	16. 52 （0. 71）
Pote	0. 0617 *** （3. 80）	0. 0634 *** （3. 87）	10. 85 ** （2. 25）	10. 47 ** （2. 17）
lnEdb	1. 419 *** （3. 28）	1. 378 *** （3. 25）	107. 0 （1. 25）	140. 5 （1. 62）
_cons	− 11. 85 *** （− 5. 33）	− 11. 99 *** （− 5. 40）	− 1450. 9 *** （− 3. 35）	− 1468. 6 *** （− 3. 27）
年份固定效应	是	是	是	是
国家固定效应	是	是	是	是

续表

变量	扩展边际		集约边际	
	(1) 滞后一期	(2) 滞后二期	(3) 滞后一期	(4) 滞后二期
KPL	691.316 (0.0000)	617.484 (0.0000)	117.696 (0.0000)	166.609 (0.0000)
KPW	98.313	81.063	71.560	59.070
R^2	0.220	0.218	0.102	0.101
样本量	1212	1214	1212	1214

注：*、**、*** 表示在10%、5%、1%的水平下显著；括号内的数字为 t 检验值。

总体而言，在考察了内生性问题之后，BITs 的水平深度指标明显推动了我国企业 OFDI 的二元边际的提升，而广度指标明显推动了扩展边际的提升，对集约边际的促进作用并不明显，其余主要制约因素均与基准回归和异质性分析结果基本一致。所以，本部分实证检验的研究结果是稳定可信的。

第7章 中国参与国际投资治理路径

截止到 2022 年 6 月，中国 BITs 实践一方面滞后于中国企业海外投资面临的真实风险，另一方面滞后于如何通过治理模式提升外资质量的现实需求，在保护投资者水平和确保东道国管理空间方面亟待提高。随着"一带一路"倡议推进，未来中国 OFDI 规模会更大，涉及行业领域会更广。开启新一代 BITs 实践不应被动等待与美、欧 BITs 谈判取得突破，而应立足于中国国情和现实需要，及时根据国际投资格局新变化，调整 BITs 实践的方向。

2005 年之前，中国的谈判地位与能力偏弱，BITs 实践的主要动机是吸引外资，在此基础上，集中签订的大量外资保护型 BITs，缺乏对中国企业"走出去"可能面临真实风险与障碍的保护。虽然中国 BITs 实践在早期便纳入明确的争端解决机制条款，但其规定模糊笼统、透明度低，对中国作为东道国与中国海外投资者实际有效保护水平低。因此，中国应立足新的资本流动状态，尽快对现有 BITs 体系进行升级换代，通过新签订或修订的方式进一步提升现有的 BITs 质量，建立适当的协调机制，增强东道国的规制权等方式对我国现有的 BITs 实践体系进行优化整合，利用现有的覆盖广泛的投资条约网络优势，优先通过修订更新到期 BITs 的方式导入投资新规则，以形成更有约束力和执行力的投资规则，提升 BITs 对中国企业在海外权益的实际保护力度，提高中国企业对 BITs 条款的实际利用效率。在多边层面，积极参与国际投资治理体系改革，推动全球投资治理的指导原则和规则设计及时更新并赢得一定的话语权。以 RCEP 签订、《中欧 CAI》谈判取得突破进展、申请加入 CPTPP 为机遇，积极推进高标准的 BITs 内容条款的探索与建设，加快推进与"一带一路"沿线标准合作等高水平的制度开放建设，为全球经济治理体系改革提供更多的公共产品和中国方案，推出我国主导的高标准国际经贸规则实践体系。BITs 内容条款的制定上，应在梳理中国企业 OFDI 二元结构权益保障的真实需求、中国吸引外商投资的质量，在此基础上，关注相关核心条款的深度。从第 6 章实证结果可以看出，BITs 涵盖条款范围拓展仅在一定程度上促进中国企业 OFDI 的扩展边际，对于集约边际没有显著的影响，而提高 BITs 条款的深度，对 OFDI 规模和范围都有较为显著的影响。因此，优化我国企业 OFDI 二元结构的发展，应在缔结 BITs 磋商谈判中，结合东道国的制度环境和经济开放水平，在扩大条款包含范围的同时，全面提升投资促进类、风险保障类和争端解决类条款的内容深度，提高有法律约束条款的比重。

7.1 优化 BITs 签约伙伴国网络布局和内容升级

截止到 2022 年 6 月，中国在国际投资治理实践中的多层次建构格局中主要采取双边路径为主。BITs 实践中签订的众多投资条约的缔约伙伴国中既有发达国家（南北型 BITs）也有发展中国家（南南型 BITs）。应发挥中国现有投资条约网络优势，在缔约伙伴国类型和数量选择决策层面，继续推进中美 BITs 谈判、推进中欧 BITs 实施。美国和欧盟等发达国家在国际资本流动和构建国际投资治理体系中的权威影响力，决定了中美、中欧 BITs 有望成为跨越新兴经济体与发达经济体投资政策和治理水平差距的范本。[①] 推进南北型 BITs 谈判，积极开展与高标准 BITs 的对标，适时更新升级 BITs 范本。与此同时，在展开与发达经济体缔约谈判磋商的同时，也不能忽视与发展中国家的投资条约网络布局和内容升级。相关机构应积极对那些已经生效的 BITs 内容进行升级与完善。从签订时间上来看，截止到 2022 年 6 月，中国已生效的 BITs 中 75% 是在 2000 年以前签订的，1990 年以前签署的 BITs 占比为 23.8%，其中 52% 在 2000 年以后以重新签订或附加议定书形式进行了内容更新与升级，同期其他 BITs 条款框架与内容一直沿用至今。2000 年以后签署的 BITs 占中国签订 BITs 总量的 30.5%，其中 12 项是对早期已生效 BITs 进行的重新签订，1 项是 2005 年以附加议定书形式更新升级的中国—斯洛伐克协定。[②] 2015 年 7 月签订的中国—土耳其协定已于 2020 年 11

---

① 崔凡，苗翠芬. 中国外资管理体制的变革与国际投资体制的未来 [J]. 国际经济评论，2019（5）：20 – 33 +4.
② 笔者根据商务部条法司双边投资协定文本库整理、计算。

月生效。① 改革开放以来，中国由资本流入大国转型为"引进来"与"走出去"并重的经济大国，国内制度环境和国际影响力都产生了较大变化。政府应根据我国双向 FDI 动态发展变化需要，及时调整和完善条款设置与内容深度，从而促进中国企业 OFDI 规模与范围的优化。同时，应积极推动与"一带一路"沿线各国，以及已与中国签订 FTAs 的伙伴国间 BITs 签订与修订谈判。

随着"一带一路"倡议的推进，我国与沿线国家的投资合作规模、范围不断扩大，领域逐步深化，新型高质量合作方式不断涌现。但中国企业应对 OFDI 风险的软实力尚待提升。带路沿线东道国制度环境较差，不确定性风险较高，中国企业在"一带一路"沿线国家的 OFDI 面临的风险也日益呈现复杂化趋势，而符合国际标准的多边海外投资权益保障机制实施困难重重。因此，如何有效防范中国企业 OFDI 风险，保护投资者利益，是进一步深化"一带一路"倡议实施而必须直面的重要课题。

BITs 作为调整两国投资关系最直接的手段之一，对国内企业 OFDI 的保护具有不可替代的作用。而中国现行的 BITs 普遍对"走出去"企业海外投资权益保障程度不高，大多数与带路沿线东道国达成的 BITs 文本条款标准较低、针对性差、未能充分考虑企业面临的真实风险和困境。因此，为增强中国在全球投资治理体系中的话语权和对中国企业海外投资的有效保护，与不确定性风险较高的东道国签订 BITs 时，不应一味借鉴"美式 2012"协定模板，应系统识别中国企业在东道国面临的宏观和行业风险，制定有针对性的、切实可行的条款和内容。对于尚未与我国建立联系的主要投资国，中国政府应积极促进与这些国家之间 BITs 的签订。实证部分结论表明，即使不考虑协定条款的异质性，两国之间 BITs 的存在也会显著促进我国 OFDI 的规模与扩展边际。不管两国之间签署的 BITs 质量的高低，签署的行为本身就向中国投资企业传达了愿意长期友好发展的意愿和提供投资保障的决心，使得一些犹豫不前的中国企业尝试着"走出去"。因此，中国需要基于企业 OFDI 的实际需要，并根据潜在缔约国所在区域的投资协定的水准，与我国已生效实施的 BITs 的平均水平，以及潜在东道国的经济社会发展水平与法治环境主动与其进行磋商，力争签署互利共赢的高质量 BITs。

随着"一带一路"倡议的深入推进，我国更需要更加重视与沿线各国

① http：//tfs. mofcom. gov. cn/article/Nocategory/201111/20111107819474. shtml.

高质量 BITs 布局。我国中小企业的 OFDI 主要流向投资制度环境不健全、经营开放水平相对较低的沿线发展中国家，为保障我国中小企业在带路沿线国家的投资权益，可从较低版本的双边投资合作协议入手进行谈判。随着我国中小企业"走出去"的经济规模和模式的改变，与缔约成本的约束，可采用例外条款或附加协定的方式及时对 BITs 内容进行升级更新。

在知识产权领域，在履行 TRIPS 规则义务的基础上，不断完善知识产权保护规则体系并增强执行力度，推进知识产权相关国际规则的制定与完善、为本国企业"走出去"努力营造有利的国际环境，推动构建开放包容、平衡普惠的知识产权国际规则，为外商投资者营造便利、稳定、安全的投资环境。竞争中立规则对中国来说也是一把双刃剑。虽然竞争中立规则是美欧用来限制中国国有企业的方式，但是如果能够合理利用竞争中立条款，促进国有企业转变管理和经营方式，那么就能够在促进国有企业发展的同时，为外资和民营企业营造一个健康有序的投资环境。

充分发挥中国与其他发展中国家的协同优势，争取在新一代国际投资规则治理体系改革的跨区域诸边谈判中主导地位和话语权的获取。与发达国家共同促进跨区域投资规则谈判，实现发达国家与发展中国家的利益平衡的诉求，在世界最主要的经济体之间就国际投资治理体系走向达成共识。

7.2 提升国际投资治理能力 与东道国规制权的平衡

中国是为数不多的兼具资本输出国和资本输入国双重角色的发展中大国，但这与我国在国际投资治理体系中的话语权并不相衬。国际投资治理已进入深度转型阶段，中国应当认识到发展中国家与发达国家关于外商投资权益保护与东道国适当规制的争议并没有消失，甚至扩散至更加广泛的议题。面对国际投资治理体系的复杂性和异质性与日俱增，中国应以更加开阔的视野了解发达国家和发展中国家的投资保护的新议题与新规则，多维度推进国际投资治理路径，并在此过程中充分体现中国对高水平的投资自由化便利化、平衡投资者保护与国家利益维护、灵活务实解决投资争端的基本立场和制度设计，以提升中国参与国际投资治理体系重构的成效。作为双向投资大国，应注重强化投资保护水平，优化投资争端解决机制，制订并发布体现中国立场的官方 BITs 范本。BITs 作为国际法层面的投资规则体系，一旦国家签订并生效，便会产生限制国内制度措施选择的外部压力，有助于打破国内体制改革瓶颈，倒逼国内营商环境的改革。

早期我国签订 BITs 的初衷是吸引外商投资，在条款设计与内容安排方面更倾向于保障投资者利益与维护国际条约的法律权威，从而向潜在海外投资者释放可信的信号与承诺，而忽略甚至减损东道国规制权。对于我国尚未签订的 BITs，应平衡对投资者利益的保护与对国家公共利益的维护，保留我国作为东道国适当国家规制权。此外，中国还需权衡成本和利益，尽量降低缔约成本。精心设计 BITs 文本内容，设置适当的协调机制，例如，当东道国因公共利益等特殊例外情形有可能不得已违反条款约定时，可通过与伙伴国协商并达成共识，避免被诉至 ICSID 后，不仅要承担违约赔偿费用，还要承担诉讼的费用与时间成本。BITs 例外条款可以排除国家义务适用范围和履行，是现代 BITs 保留东道国规制权最重要的方式。随着全球化不断深入以及中国正在努力实现构建现代化经济治理体系的战略目标，进一步开放市场准入、提供准入前国民待遇已是必然之举。若只是一味大幅提升投资者保护标准，而未能在例外条款中排除东道国合理义务安排，极有可能陷入疲于应对外商投资者向 ICSID 提出仲裁申请的风险。此外，在我国已经签订的BITs 中，序言形式单一，内容大同小异，大多片面强调外商投资者的权益，对东道国规制权平衡较少考虑。而根据投资仲裁实践，条约的序言是仲裁庭解释条约的重要依据，在今后 BITs 实践中，要重视序言内容，将 BITs 条款作为平衡我国规制权的有力制度工具。

7.3 制定高质量的新一代中国双边投资协定范本

中国应当立足双向 FDI 大国的现实特征，在构建体现中国立场的国际投资规则体系过程中，适时发布高质量的、反映中国双向 FDI 治理特色的双边投资协定范本。范本构建应从"行为"视角确认国有企业合格投资者身份；尊重东道国基于可持续发展目标对外资进行规范的权力；逐步纳入透明度、竞争中立及知识产权保护等可持续发展方面的条款；明确包含负面清单和准入前国民待遇的承诺；改进 ISDS 机制中的前置性程序，扩大国际投资仲裁的管辖权范围。BITs 范本是彰显本国投资规则立场、指导本国 BITs 磋商谈判的重要文件。为了提高一国后续缔约效率，发达国家在不同时期都订立了不同条款设计和内容安排的 BITs 范本，为潜在缔约国评估磋商谈判成功的概率，以及为缔约谈判另一方提供谈判的基础和依据。不同版本的 BITs 范本本身虽不具备条约效力，但反映了缔约方一定时期 BITs 实践的共性与水准，精确传达了缔约方的基本缔约宗旨和主张。

现阶段许多国家正在制定新的双边投资协定范本和指导原则，以指引未来高水平的 BITs 实践。从缔约、谈判成本节约与保持本国对外投资合作一致性、可信度等角度出发，美国、挪威等发达国家，印度、巴西等发展中国家都先后制订了本国的双边投资协定范本，并进行动态更新升级 BITs 范本，比如截至 2012 年，美国已经更新了四版双边投资协定范本，基于美国外商投资与海外投资的新特点，规范指导美国的 BITs 实践。

中国 BITs 的缔约实践经验相对丰富，故可通过制订并更新双边投资协定范本的方式，适时总结投资规则立场和改革方案，提升全球投资治理话语权。通过高质量的 BITs 范本向外界传递我国对国际投资治理规则的基本态度，以及对标前沿国际投资治理制度的创新实践的可信信号，有效提升国际社会对我国法治建设能力的认可度。在中国已经成为对外投资和吸引外资的双向投资大国背景下，BITs 对于完善中国的投资营商环境，提升参与国际投资治理的能力与保留东道国适当规制权的平衡而言具有双重意义。一方面，作为对外投资的投资者母国，中国需要提高 BIT 条款覆盖范围和内容深度来提升双边投资协定有效保障中国企业 OFDI 的水平。另一方面，作为吸引外商资的东道国，中国也应梳理国内法制环境体系，对接 BITs 条款内容安排，形成良好的营商环境以更规范地管理外商投资，吸引高质量外商投资。因此，中国应当出 20 世纪八九十年代 BITs 实践的保守模式与态度，向更加积极地推进投资自由化的态度与模式转型。具体应以利益平衡理念和可持续发展原则为指导，设计双边投资协定具体条款框架与内容安排，同时充分考虑双向投资大国的特殊身份，兼顾投资者利益和东道国利益的保护。

构建发展中大国双边投资协定范本具有重要的战略意义。首先，制定立足双向投资大国的实际的双边投资协定范本能够明确传递中国，充分发挥双边投资协定保护投资、实现可持续发展和改善东道国营商环境的功能，实现不同 BITs 内在价值导向的统一 BITs 实践价值导向。其次，制定立足双向投资大国的实际的双边投资协定范本，纳入《中欧 CAI》中已经达成的准入前国民待遇加负面清单的投资管理模式、可持续发展相关条款议题等新一代高质量条款，同时，改进透明度条款，保护伞条款，投资者—争端解决等关键条款的深度，再通过双边投资协定范式扩展到未来中国修订和新谈判的双边投资协定文本中，以加速中国投资法治体系的整体变革。

制定新一代中国双边投资协定范本要从两方面入手。一方面需要构建厘清中国双边投资协定实践的现实背景和 IIAs 治理体系的新趋势，并以此为基础签订或修订 IIAs。中国 BITs 实践的价值导向应该从其功能发掘的角度入手，充分发挥 BITs 在保护投资、实现东道国可持续发展和改善东道国营商环境方面的功能，从而使 BITs 不仅在保护投资者和尊重东道国规制权方面实现平衡，也在经济发展与环境保护、公民健康保护方面实现平衡。另一方面，需要构建能够具体指导中国未来高水平双边投资协定实践的模板。

构建新一代中国 BIT 范本意味着 BITs 为中国在"一带一路"沿线国家的投资提供了保护，为中国企业 OFDI 遭遇的投资风险与障碍提供了救济措施，增强了中国企业在"一带一路"沿线国家投资的信心，有助于"一带一路"倡议建设的深入推进，实现与"一带一路"沿线国家的互利共赢。制定新一代 BITs 范本不仅能够降低谈判成本、提高效率，节省企业了解不同 BITs 规定的成本，还能引导"一带一路"沿线范围内统一投资规则制定，提升我国与"一带一路"沿线国家更新、升级早期 BITs 的效率，提高 BITs 的适用性和稳定性。

7.4　提高 BITs 关键条款深度

7.4.1　进一步推进负面清单模式实践

中国企业向低风险东道国投资面临最大的风险之一是投资准入阶段的壁垒，但截止到 2022 年 6 月，中国和 27 个低风险东道国达成的 BITs 中，无一例包含投资准入阶段待遇条款。因此，应加强对准入前国民待遇、负面清单、知识产权保护等条款设计新趋势的研究，并在中国自由贸易试验区先行先试，逐步提升对东道国高质量 BITs 等国际投资规则的适应能力。截止到 2020 年 12 月 30 日，中国与欧盟已完成全部《中欧 CAI》谈判，《中欧 CAI》中将涵盖透明度、竞争中立等涉及改善东道国营商环境的相关议题条款，为中国制定新一代双边投资协定范本，实现中国整体投资规则体系的统一将产生深远示范效应。中国承诺将为欧盟企业提供更加公平的竞争环境，规范国有企业行为。① 与此同时，《中欧 CAI》还进一步要求中国提高政策的公平性、透明度和可预见性。中国在构建双边投资协定范本过程中，应在改善东道国营商环境的条款设置上积极探索实践，加快对外开放步伐，推动投资自由化便利化建设，提高国内投资法律水平。一是应以新颁布的《中华人民共和国外商投资法》为基础，全面实施"准入前国民待遇"加"负面清单"的外资准入管理制度，并进一步缩小负面清单的覆盖区域，增加鼓励外商投资范围，扩大高水平对外开放。二是加快打造对外开放平台，以 21 个自由贸易试验区、海南自由贸易港和 20 个重点境外经贸合作区为依托，进行高标准国际投资管理模式，比如《中欧 CAI》、2012 年修订的美国 BIT 范本中投资新议题的相关规则，先行先试，通过对标国际先进自由贸易区（港），借鉴其发展经验，结合中国经济发展实际，为中国与其他国家产能合作与企业对外投资打造高标准、高层次和强辐射效应的对外开放平台。

负面清单使外商投资者迅速、清晰地确定其投资领域是否面临以及面临怎样的限制和约束，负面清单有助于提升一国外商投资管理体制的透明度，因此负面清单通常被看作投资自由化的可信承诺。美国自 2004 年以后签署谈判的 BITs 和 FTA 的投资章节中，均含有负面清单。如美国的双边投资协定范本（2012）、TTIP 以及 CPTPP 中均广泛适用负面清单模式。近年来日本与韩国、秘鲁、越南等国的 BITs 实践中也广泛采用负面清单模式。欧盟的国际投资治理体系也逐步转向负面清单模式。② BITs 的功能并不仅限于为外商投资提供尽可能全面的投资权益保障、东道国和投资者之间的利益空间权衡，还能承载与投资相关的发展目标和功能。IIAs 越来越多地涉及可持续发展相关议题，强调透明度规则的建立、知识产权保护和公平的市场竞争环境等与国内法相关的实体条款和内容，这些条款对国内相关实体法的示范效应对倒逼东道国国内营商环境的改善具有重要作用。负面清单管理制度是中国投资管理体制深化改革的关键步骤，有助于培育稳定透明的投资环境，提升市场公平竞争效率，促进产业结构调整转型和经济高质量发展。市场准入模式和公平竞争是中美 BITs 谈判过程中最受双方关注的议题。中方同意以"准入前国民待遇"加"负面清单"的方式为前提展开谈判，以外部压力加

---

① 使其根据商业考虑采取行动，而不歧视购买和销售其他商品或者服务。
② 2013 年欧盟与加拿大签署的 CETA 是欧盟第一次适用负面清单模式的自由经济贸易协定。

速内部改革，对中国开放型新体制改革起到了良好的助推作用。党的第十九次全国代表大会报告中明确指出，要全面实行准入前国民待遇加负面清单管理制度，大幅度放宽市场准入，扩大服务业对外开放，保护外商投资合法权益。2018 年以来中国在各个自由贸易试验区开始全面先试先行市场准入负面清单制度，向新一轮对外开放和内外资平等竞争迈出了一大步，同时应谨慎确定、并依据先试先行的经验及时调整和完善外商投资负面清单市场的内容，明晰负面清单中对外资限制的相应国内法依据，平衡清单的可预见性和稳定性。

截止到 2022 年 6 月，中国签订的 BITs 中都包含了最惠国待遇条款，因而只要中国与美国或欧盟等国家签订了包含准入前国民待遇模式的 BITs，则所有与中国签订 BITs 的缔约伙伴国均可以依据最惠国待遇的"多边自动传导效应"[1] 要求中国对来自该国的投资者提供准入前国民待遇。中国幅员辽阔，不同省份的经济、法治发展程度差距较大，对实施准入前国民待遇所做准备的充分程度也有所不同。鉴于 BITs 对国内法律和经济发展的重要影响，应渐进式推进准入前国民待遇模式，明确国民待遇的内涵，限定国民待遇的适用范围，避免因过快、过广开放对国内相关产业带来冲击。公共政策或公共利益的例外情形的适用已在国际投资条约和投资仲裁实践已得到充分证实，公共利益的内涵复杂，外延宽广，应采用列举和概括同时对其进行界定，即在列举若干具体类型的公共利益的基础上同时设立兜底条款，比如，可将公共安全与健康、避免双重征税、知识产权保护、环境保护、区域协调发展、技术伦理等重要目标明确为公共利益或公共政策适用准入前国民待遇的例外使用。

7.4.2　设置合理的保护伞条款

我国已由早期的主要资本输入国转变为如今的新兴资本输出国，既不能无条件地全面适用保护伞条款，也不应因实践成本与难度而放弃，应在理解保护伞条款的本质后有限制地加以适用。随着"一带一路"倡议深入推进，我国在国际投资格局中兼具投资者母国与吸引外商投资东道国的双重身份转化。"一带一路"沿线国家法治环境参差不齐，中国企业在当地投资经营的风险与不确定性较高，在 BITs 中设置保护伞条款可为中国企业 OFDI 提供更

---

[1]　http：//ielaw. uibe. edu. cn/fxlw/gjjjfl/gjjrf/11970. htm.

全面的投资权益保障，也避免因笼统模糊的序言条款、投资争端解决条款解释混淆"纯商业合同"与"国家合同"使我国疲于应对投资者向 ICSID 提起的违约仲裁申请。

仲裁庭通常以 BITs 中对保护伞条款具体内容甚至位置采用不同的解释方法，从而做出截然不同的裁决。在与他国尤其是"一带一路"沿线国家进行 BITs 谈判过程中，应当注重对保护伞条款解释方式的研究，同时以中国国际投资实践的具体特点，以及我国促进外商投资与作为东道国的规制权平衡为基础，设定保护伞条款在 BITs 中的位置与条款的内容安排。谨慎适用灵活机动的保护伞条款三重防御模式，贯穿从争端前预防到争端后解决的全过程：即通过禁止最惠国待遇条款在投资争端解决中的应用作为最外围防御，以将保护伞条款适用范围局限于该 BITs 本身。第二层防御通过保护伞条款内容界定明晰化，缩限具体条款义务范围。第三层防御是采用多样化的投资争端解决方式，化解、削弱保护伞条款使用后的负面影响。

7.4.3　深化 BITs 征收、征用条款

由于 BITs 条款及内容质量的差异性，其承诺可信性程度会因条款设计和内容水平深度的不同而变化。水平深度较低的投资协定无法有效对外商投资所遭遇的风险提供保护，对外商投资释放的承诺信号也因无法满足可信条件而无法达到预期效果。BITs 实践中对间接征收条款设计的趋势是保留规范化空间，在更新升级 BITs 或制定 BITs 范本时，应通过重新签订或附加议定书等方式将现存 BITs 文本中对间接征收等概念术语界定进行协调，避免现存"具有相当于/等同于征收或国有化效果的措施"等笼统模糊的表述方式，将征收、征用条款与 BITs 各条款内容的透明度进行整体性的协调。比如，2014 年生效的中国—加拿大双边投资协定涵盖的条款广泛，反映了 IIAs 的新动向以及中国近期双边投资协定实践的主要政策导向。[①] 在序言部分明确界定了争端解决的相关概念和内涵，在第十条中对认定为征收行为满足的要件、例外情形和如何赔偿等进行了详尽的说明。2012 年签订的中日

---

① 中国—加拿大双边投资协定（2012）第二部分第十条附录征收一节，专门规定了间接征收的判定标准。http://tfs.mofcom.gov.cn/article/Nocategory/201111/20111107819474.shtml.

韩关于促进、便利及保护投资的协定中第十一条①也有同样的表述，在附件议定书中第二条对 BITs 正文中征收条款中直接、间接征收行为的认定和效果，以及间接征收认定的个案调查法，实施个案调查法需考虑的因素，同时增加了构成间接征收的认定措施的手段是否与目的成比例的规定。② 2014 年生效的中国—坦桑尼亚双边投资协定第六条征收条款延续了上述征收判定标准，在此基础上增加了干扰程度因素。③

　　国际投资治理体系中对评判签约双方对外商投资的规制权力限度方面尚未达成任何统一适用标准。在仲裁实践中，因 BITs 条款解释缺乏整体一致性和连贯性，会造成仲裁庭缺乏对 BITs 条款原则连贯性认知，进而造成对涉案条款采用限制性解释，④ 因此，应以 2014 年生效的中国—坦桑尼亚双边投资协定对征收条款的设计模式为参考，结合我国国际投资发展实践，遵守以规则为基础的国际秩序，依据合作共赢的人类命运共同体理念，制定平衡双方权益的征收条款，在 BITs 中对征收条款进行更为详细的阐释，以稀释仲裁庭的解释权。笼统含糊的征收条款存在混淆政府渐进式规制措施与宽泛解释间接征收行为的风险，东道国正常规制管理行为可能被认定为等同于间接征收。间接征收措施的准确判定是 IIAs 实践的难点，也是实现合理平衡东道国的规制政策空间与外商投资者权益保护平衡的关键。东道国依据经济发展目标对外商投资进行监督、管理属于国家主权范围，过度强调全面外商投资自由化保障会为东道国实施环境、公共卫生、劳工标准、知识产权等公共领域正常规制行为设置诸多限制，引致对外商投资实施间接征收行为的仲裁申请概率上升。我国 2010 年以来新签订并已生效的 BITs 已开始尝试使用具体排除列举法限制对间接征收的外延范围，并探索从正面对间接征收与政府正常外商投资管理行为进行辨识。在我国深化 BITs 实践过程中，应适当给予东道国合理的政策空间，避免政府因管制措施与宽泛标准解释的间接征收行为混淆，设置限制外商投资全面保护义务的条款，对东道国做出排除性说明，比如"公共利益（public welfare）"例外情形。同时，间接征收行为认定应避免对投资利益期待的干预，以防正常国内经济管理目标变更被认定为"干预外商投资财产用途"等间接征收困境。

---

①② http://tfs.mofcom.gov.cn/article/h/at/201405/20140500584816.shtml.

③ （三）该措施或该一系列措施对缔约另一方投资者明显、合理的投资期待的干预程度，这种投资期待是依据缔约一方对投资者做出的具体承诺产生的。

④ 详见第 3 章。

7.5 提高企业"走出去"过程中对 BITs 条款的利用效率

要发挥 BITs 对企业对外投资的积极作用，提升企业投资二元边际。企业要善于利用中国与东道国之间签署的 BITs，密切关注协定具体条款的动态变化，有针对性地调整在东道国的投资计划、规模和多元化程度，规避东道国制度环境风险。企业管理层在制定海外直接投资的战略时，应该尽可能地选择与中国签署 BITs 的国家。另外，还要正确认识和把握 BITs 条款质量的行业影响差异，结合缔约国家不同的行业禀赋特征，促进企业海外直接投资的发展。沉没成本高、政治敏税性高的行业，如公共事业、房地产行业和交通运输业等，要积极利用 BITs 的推动作用，有效避免东道国的不利因素和地方法院的不利冲击。针对 BITs 的促进作用并不明确的某些产业，如对能源行业、金属行业等资源获取型产业，以及对无法转移资本比例较高的科技产业和金融产业，投资公司要着力增强企业的所有权优势，并通过掌握在科技、专利、商标、经营管理和沟通技能等方面的独特资源，增强抵御投资风险的能力。中国政府应积极发挥作为企业"走出去"的引路人和保障人的作用。中国需深化 BITs 对各类企业的保障作用。因此，一是搭建海外数据一体化平台，建立健全事前咨询机制，为中国企业海外投资区位选择建言献策，减少企业在海外市场进入前的调研成本和失败风险；二是加大对 BITs 的宣传力度，并积极为相关企业提供协定相关条文的讲解，同时尽可能地让企业（特别是非国有企业）享有相关的政策红利，提高 BITs 的实际利用率；三是当本国企业在并购期间与东道国发生争端需通过 ICSID 解决时，政府应积极为企业提供法律、资金、人才等方面的援助。

与此同时，构建并强化透明度高、操作流程高效、便捷的海外投资风险预警机制、海外投资商业保险体制、损失追偿制度等事前、事后多维度海外投资保障体系，对东道国违约形成切实的"威慑"，确保 BITs"投资保护"功能的发挥。比如，应坚持把"就投资产生的任何争议事项接受 ICSID 管辖"纳入投资争端解决条款；重视各类征收和国有化措施有可能给中国企业造成潜在投资损失的细节；引入独立的"保护伞"条款。结合我国四代BITs 中签订保护伞条款的现状以及在"一带一路"倡议背景下我国逐步转向资本净输入国的国情，我国若采取一刀切的方式废止保护伞条款是不明智的，应当采用做出相应的变通调整的保护伞条款，比如，通过限制或禁止最惠国待遇条款适用于争端解决程序、对保护伞条款适用做出限制解释等，最终实现东道国与投资者之间利益的平衡。

参 考 文 献

［1］陈继勇，计飞．双边投资协定有助于美国的对外直接投资吗？——基于能源行业的实证研究［J］.亚太经济，2016（3）.

［2］陈培如，冼国明，胡雁斌．中国 OFDI 的增长路径研究——基于二元边际的分析视角［J］.亚太经济，2016（4）.

［3］池漫郊，任清．中国国际投资仲裁年度观察［J］.北京仲裁，2021（2）.

［4］崔凡．中国高水平投资自由化谈判模式的确定及其深远影响［J］.国际贸易，2013（8）.

［5］邓新明，许洋．双边投资协定对中国对外直接投资的影响——基于制度环境门槛效应的分析［J］.世界经济研究，2015（3）.

［6］邓婷婷，张美玉．"一带一路"倡议下中国海外投资的条约保护［J］.中南大学学报：社会科学版，2016（6）.

［7］董有德，赵星星．自由贸易协定能够促进我国企业的对外直接投资吗——基于跨国公司知识 - 资本模型的经验研究［J］.国际经贸探索，2014（3）.

［8］樊正兰，张宝明．负面清单的国际比较及实证研究［J］.上海经济研究，2014（12）.

［9］高健，朱沛祺，阮承昊．贸易壁垒影响中国企业对外直接投资了吗？——基于二元边际的实证分析［J］.财经问题研究，2020（10）.

［10］高维和，孙元欣，王佳圆．美国 FTA、BIT 中的外资准入负面清单：细则与启示［J］.外国经济与管理，2015（3）.

［11］郭冠男，李晓琳．市场准入负面清单管理制度与路径选择：一个总体框架［J］.改革，2015（7）.

［12］郭娟娟，杨俊．东道国金融发展水平对中国企业 OFDI 二元边际的影响［J］.国际贸易问题，2019（2）.

［13］黄世席．欧盟投资协定中的投资者 - 国家争端解决机制——兼论

中欧双边投资协定中的相关问题［J］.环球法律评论，2015（5）.

［14］黄世席.可持续发展视角下国际投资争端解决机制的革新［J］.当代法学，2016，（2）.

［15］韩冰.BITs与海外投资利益保护——基于中国与"一带一路"国家BITs的分析［J］.国际经济合作，2017（6）.

［16］韩冰.准入前国民待遇与负面清单模式：中美BIT对中国外资管理体制的影响［J］.国际经济评论，2014（6）

［17］韩冰.美国对外投资政策法律新进展——基于2012年美国双边投资协定范本的分析［J］.国际经济评论，2013（5）.

［18］韩永辉，王贤彬，韦东明，况丽文.双边投资协定与中国企业海外并购——来自准自然实验的证据［J］.财经研究，2021（4）.

［19］贺娅萍，徐康宁."一带一路"沿线国家的经济制度对中国OFDI的影响研究［J］.2018（1）.

［20］贾玉成，张诚.双边投资协定（BIT）对中国OFDI区位选择的影响［J］.河北大学学报：哲学社会科学版，2016（2）.

［21］蒋冠宏.制度差异、文化距离与中国企业对外直接投资风险［J］.世界经济研究，2015（11）.

［22］蒋冠宏，蒋殿春.中国对外投资的区位选择：基于投资引力模型的面板数据检验［J］.世界经济，2012（9）.

［23］李淼，邓兴华.高标准国际投资规则能否推动品牌国际化——基于投资协定异质性的实证研究简［J］.国际经济合作，2018（4）.

［24］李平，孟寒，黎艳.双边投资协定对中国对外直接投资的实证分析——基于制度距离的视角［J］.世界经济研究，2014（6）.

［25］李原，汪红驹."一带一路"基础设施投融资合作基础与机制构想［J］.上海经济研究，2018（9）.

［26］李玉梅，桑百川.国际投资规则比较、趋势与中国对策［J］.经济社会体制比较，2014（1）.

［27］李依颖，王增涛，胡琰欣.双边投资协定，区域制度与区域外商直接投资［J］.财贸经济，2019（4）.

［28］李墨丝，沈玉良.从中美BIT谈判看自由贸易试验区负面清单管理制度的完善［J］.国际贸易问题，2015（11）.

［29］廖庆梅，刘海云.基于二元梯度和边际的中国制造业OFDI母国

就业效应 [J]. 国际贸易问题, 2018 (6).

[30] 梁开银. 中国双边投资条约研究: 原理、方法与实践 [M]. 北京大学出版社, 2016.

[31] 梁肖然. 美国双边投资协定范本争议解决条款分析——以对 IC-SID 仲裁管辖权之认可为视角 [J]. 河北法学, 2016 (3).

[32] 梁肖然. 美国双边投资协定范本的劳工保护条款分析——兼论其对我国的影响及我国之对策 [J]. 河北法学, 2014 (7).

[33] 林梦瑶, 张中元. 区域贸易协定中竞争政策对外商直接投资的影响 [J]. 中国工业经济, 2019 (8).

[34] 刘海云, 聂飞. 中国 OFDI 动机及其对外产业转移效应——基于贸易结构视角的实证研究 [J]. 国际贸易问题, 2015 (10).

[35] 刘晶. 双边投资协定与 FDI: 研究进展述评及展望 [J]. 中南财经政法大学学报, 2017 (1).

[36] 刘晶. 高质量的双边投资协定有效防范了中国海外投资风险吗? [J]. 经济经纬, 2020 (1).

[37] 刘晓光, 杨连星. 双边政治关系、东道国制度环境与对外直接投资 [J]. 金融研究, 2016 (12).

[38] 刘源丹, 刘洪钟. 中国对外直接投资如何重构全球价值链: 基于二元边际的实证研究 [J]. 国际经贸探索, 2021 (11).

[39] 刘振林, 黄凯. 制度距离对中国对外直接投资区位分布的影响研究——基于"一带一路"沿线 47 国数据的实证分析 [J]. 经济经纬, 2019 (2).

[40] 陆建明, 杨宇娇, 梁思焱. 美国负面清单的内容、形式及其借鉴意义——基于 47 个美国 BIT 的研究 [J]. 亚太经济, 2015 (2).

[41] 卢进勇, 李思静, 张晨烨. 中欧 BIT 谈判重点, 难点及策略 [J]. 国际经济合作, 2020 (3).

[42] 卢进勇, 邹赫, 杨杰. 新一代双边投资协定与中美和中欧 BIT 谈判 [J]. 国际贸易, 2014 (5).

[43] 孟醒, 董有德. 社会政治风险与我国企业对外直接投资的区位选择 [J]. 国际贸易问题, 2015 (4).

[44] 聂平香, 戴丽华. 美国负面清单管理模式探析及对我的借鉴 [J]. 国际贸易, 2014 (4).

［45］曲文俏，陈磊，刘春英．政治风险、金融发展与中国对外 FDI 的二元扩张［J］．武汉金融，2013（4）．

［46］沈铭辉．美国的区域合作战略：区域还是全球？——美国推动 TPP 的行为逻辑［J］．国际贸易论坛，2014（3）．

［47］盛斌，纪然．国际投资协议中国民待遇原则与清单管理模式的比较研究及对中国的启示［J］．国际商务研究，2015（1）．

［48］石慧敏，王宇澄．评估中国对外投资风险——通过投资者—国家争端解决案件的角度［J］．经济理论与经济管理，2018（9）．

［49］孙南申，彭岳．中美投资保护协定谈判中的"非排除措施"条款研究——以中国海外投资风险分析与安全保障为视角［J］．国际商务研究，2011（6）．

［50］孙焱林，覃飞．"一带一路"倡议降低了企业对外直接投资风险吗［J］．国际贸易问题，2018（8）．

［51］太平，李姣．中国企业对东盟国家直接投资风险评估［J］．国际商务：对外经济贸易大学学报，2018（1）．

［52］王旭，方虹，彭博．对外直接投资、主权信用与投资风险——基于国别样本的动态面板分析［J］．国际贸易问题，2017（10）．

［53］王正文，但钰宛，王梓涵．国家风险、出口贸易与对外直接投资互动关系研究——以中国 –"一带一路"国家为例［J］．保险研究，2018（11）．

［54］王中美．"负面清单"转型经验的国际比较及对中国的借鉴意义［J］．国际经贸探索，2014（9）．

［55］协天紫光，樊秀峰，黄光灿．东道国投资便利化建设对中国企业对外直接投资二元边际的影响［J］．世界经济研究，2020（4）．

［56］杨宏恩，孟庆强，王晶，李浩．双边投资协定对中国对外直接投资的影响：基于投资协定异质性的视角［J］．管理世界，2016（4）．

［57］杨娇辉，王伟，王曦．我国对外直接投资区位分布的风险偏好：悖论还是假象［J］．国际贸易问题，2015（5）

［58］杨连星，张方，张睥．融资约束与企业对外直接投资二元边际［J］．世界经济研究，2020（2）．

［59］杨连星，刘晓光．反倾销如何影响了对外直接投资的二元边际［J］．金融研究，2017（12）．

[60] 杨连星，刘晓光，张杰. 双边政治关系如何影响对外直接投资——基于二元边际和投资成败视角 [J]. 中国工业经济，2016 (11).

[61] 杨荣珍，高天昊. 外商投资负面清单模式的国内外经验比较研究 [J]. 山东大学学报：哲学社会科学版，2016 (5).

[62] 杨永聪，李正辉. 经济政策不确定性驱动了中国 OFDI 的增长吗——基于动态面板数据的系统 GMM 估计 [J]. 国际贸易问题，2018 (3).

[63] 张力. 国际双边投资协定新发展对中国的启示 [J]. 企业经济，2018 (9).

[64] 张鲁青，冯涌. 双边投资协定对我国吸引 FDI 的影响 [J]. 统计与决策，2009 (3).

[65] 张宇婷，蒋云龙. 地区经济集聚、制度距离与外来者劣势 [J]. 经济经纬，2018 (2).

[66] 张中元，沈铭辉. 国际投资协定中可持续发展条款对双边投资的影响 [J]. 世界经济研究，2018 (3).

[67] 张中元. 东道国制度质量，双边投资协议与中国对外直接投资——基于面板门限回归模型 (PTR) 的实证分析 [J]. 南方经济，2013 (4).

[68] 赵海乐. 论国际投资协定再谈判的 "政策空间" 之争 [J]. 国际经贸探索，2016 (7).

[69] 宗芳宇，路江涌，武常岐. 双边投资协定，制度环境和企业对外直接投资区位选择 [J]. 经济研究，2012 (5).

[70] Aisbett E, Busse M et al. Bilateral investment treaties as deterrents of host-country discretion: The impact of investor-state disputes on foreign direct investment in developing countries [J]. Review of World Economics, 2018 (1).

[71] Allee T, Peinhardt C. Evaluating three explanations for the design of bilateral investment treaties [J]. World Politics, 2014 (1).

[72] Allee T, Peinhardt C. Delegating differences: Bilateral investment treaties and bargaining over dispute resolution provisions [J]. International Studies Quarterly, 2010 (2).

[73] Allee T, Peinhardt C. Contingent credibility: The impact of investment treaty violations on foreign direct investment [J]. International Organization, 2011 (3).

[74] Arellano M, Bond S. Some tests of specification for panel data: Monte

carlo evidence with an application for employment equations [J]. Review of Economic Studies, 1999 (58).

[75] Araujo J, Lastauskas P et al. Evolution of bilateral capital flows to developing countries at intensive and extensive margins [J]. Journal of Money, Credit and Banking, 2017 (7).

[76] Azzimonti M. Does partisan conflict deter FDI inflows to the US? [J]. Journal of International Economics, 2019 (120).

[77] Baker P L. An analysis of double taxation treaties and their effect on foreign direct investment [J]. International Journal of the Economics of Business, 2014 (3).

[78] Bekker P, Ogawa A. The Impact of bilateral investment treaty proliferation on demand for investment insurance: Reassessing political risk insurance after the 'BIT Bang' [J]. ICSID Review Foreign Investment Law Journal, 2013 (2).

[79] Bellak C. How bilateral investment treaties impact on foreign direct investment: A meta-analysis of public policy [D]. Mimeo: Vienna University of Business and Economics, 2013.

[80] Bellak C, Leibrecht M. The effect of economic crises on the emergence of investor-state arbitration cases [DB/OL]. Department of Economics Working Paper No. 284, 2019, https://epub. wu. ac. at/6922/1/wp284. pdf.

[81] Bengoa-Calvo M, Sanchez R B et al. Do trade and investment agreements promote foreign direct investment within Latin America? Evidence from a structural gravity model, Mathematics, 2020 (8).

[82] Benteniotis A, Podimatas E et al. Protection standards in bilateral investment treaties and their contribution in attracting foreign direct investment [R]. London: 28th EBES conference, 2019.

[83] Bento, L. Time to join the 'bit club'? Promoting and protecting Brazilian investments abroad [J]. American Review of International Arbitration, 2013 (2).

[84] Berger A, Busse M et al. Do trade and investment agreements lead to more FDI? Accounting for key provisions inside the black box [J]. International Economics and Economic Policy, 2013 (2).

[85] Berger A, Busse M et al. More stringent BITs, less ambiguous effects on FDI? Not a bit! [J]. Economics Letters, 2011 (23).

[86] Billing T, Lugg A D. Conflicted capital: The effect of civil conflict on patterns of BIT signing [J]. Journal of Conflict Resolution, 2019 (2).

[87] Blundell R, Bond S. GMM estimation with persistent panel data: An application to production functions [J]. Journal of Econometric, 1998 (3).

[88] Bodea C, Ye F. Investor rights versus human rights: Do bilateral investment treaties tilt the scale? [J]. British Journal of Political Science, 2020 (3).

[89] Bonnitcha J. The economics of investment treaty protection and the evolving empirical research agenda [DB/OL]. SSRN Electronic Journal, 2012. 4. 27, http://dx. doi. org/10. 2139/ssrn. 2138235.

[90] Brada J C, Chen C et al. Does bilateral investment treaty arbitration have any value for multinational corporations? [DB/OL]. No. 10, BOFIT Discussion Paper, 2020. 4. 22, http://dx. doi. org/10. 2139/ssrn. 3764765.

[91] Bubb R J, Rose-Ackerman S. BITs and bargains: Strategic aspects of bilateral and multilateral regulation of foreign investment [J]. International Review of Law and Economics, 2007 (3).

[92] Busse M, Hefeker C. Political risk, institutions and foreign direct investment [J]. European Journal Political Economy, 2007 (23).

[93] Busse M, Königer J et al. FDI promotion through bilateral investment treaties: More than a bit? [J]. Review of World Economics, 2010 (2).

[94] Büthe T, Milner H V. Foreign direct investment and institutional diversity in trade agreements: Credibility, commitment, and economic flows in the developing world, 1971 - 2007 [J]. World Politics, 2014 (1).

[95] Chaisse J. Exploring the confines of international investment and domestic health protections-is a general exceptions clause a forced perspective? [J]. American Journal of Law & Medicine, 2016 (2).

[96] Chaisse J, Bellak C. Navigating the expanding universe of international treaties on foreign investment: Creation and use of a critical index [J]. Journal of International Economic Law, 2015 (1).

[97] Chaisse J, Hamanaka S. The investment version of the Asian noodle

bowl: The proliferation of international investment agreements [DB/OL]. Working Papers on Regional Economic Integration No. 128, 2014. 4. 1, http: //aric. adb. org/pdf/workingpaper/WP128_Hamanaka_Investment_Noodle_Bowl. pdf.

[98] Chaisse J. Assessing the exposure of Asian states to investment claims [J]. Arbitration International. 2013 (6).

[99] Chaisse J, Bellak C. Do bilateral investment treaties promote foreign direct investment? Preliminary reflections on a new methodology [J]. Transnational Corporations, 2011 (3).

[100] Chang H O, Fratianni M. Do additional bilateral investment treaties boost foreign direct investments? [DB/OL]. Money and Finance Research group Working Papers No. 43, 2010. 4, http: //docs. dises. univpm. it/web/quaderni/ pdfmofir/Mofir043. pdf.

[101] Chen J, Ye F. Cost of compliance, autocratic time horizon, and investment treaty formation [J]. Political Research Quarterly, 2019 (2).

[102] Cho S J, Kim Y K et al. Credibility, preferences, and bilateral investment treaties [J]. Review of International Organizations, 2016 (1).

[103] Colen L, Persyn D et al. Bilateral investment treaties and FDI: Does the sector matter? [J]. World Development, 2016 (83).

[104] Dixon J, Haslam P. Does the quality of investment protection affect FDI flows to developing countries? Evidence from Latin America [J]. World Economy, 2016 (8).

[105] Desbordes R, Vicard V. Foreign direct investment and bilateral investment treaties: An international political perspective [J]. Journal of Comparative Economics, 2009 (3).

[106] Desbordes R. A granular approach to the effects of bilateral investment treaties and regional trade investment agreements on foreign direct investment [DB/OL]. University of Strathclyde Working Paper, 2017, https: //aric. adb. org/pdf/events/aced2016/paper_rodolphedesbordes. pdf.

[107] Dur A, Baccini L et al. The design of international trade agreements: Introducing a new Dataset [J]. The Review of International Organizations, 2014 (3).

[108] Egger P, Merlo V. The impact of bilateral investment treaties on FDI

dynamics [J]. The World Economy, 2007 (10).

[109] Egger P, Merlo V. BITs bite: An anatomy of the impact of bilateral investment treaties on multinational firms [J]. The Scandinavian Journal of Economics, 2012 (4).

[110] Egger P, Pfaffermayr M. The impact of bilateral investment treaties on foreign direct investment [J]. Journal of Comparative Economics, 2004 (4).

[111] Eicher T S, Helfman L et al. Robust FDI determinants: Bayesian model averaging in the presence of selection bias [J]. Journal of Macroeconomics, 2012 (3).

[112] Eichler T S, Nauerth J. Bilateral investment treaties and sovereign default risk [J]. CEPIE Working Papers, 2021 (4).

[113] Elkins Z, Guzman A T. Competing for capital: The diffusion of bilateral investment treaties, 1960 – 2000 [J]. International Organization, 2006 (4).

[114] Facundo P, Aznar. Local litigation requirements in international investment agreements: Their characteristics and potential in times of reform in Latin America [J]. Journal of world investment and trade, 2016 (4).

[115] Falvey R, Foster-McGregor N. Heterogeneous effects of bilateral investment treaties [J]. Review of World Economics, 2017 (2).

[116] Falvey R, Foster-McGregor N. North-south FDI and bilateral investment treaties [DB/OL]. Merit Working Papers, No. 10, 2015. 1. 1, http: // citeseerx. ist. psu. edu/viewdoc/download? doi = 10. 1. 1. 927. 1659&rep = rep1& type = pdf.

[117] Frenkel M, Walter B. Do bilateral investment treaties attract foreign direct investment? The role of international dispute settlement provisions [J]. World Economy, 2019 (5).

[118] García-Canal E, Guillén M F. Risk and the strategy of foreign location choice in regulated industries [J]. Strategic Management Journal, 2008 (29).

[119] Gaukrodger D. The balance between investor protection and the right to regulate in investment treaties: A scoping paper [DB/OL]. OECD Working Papers on International Investment, 2017 (2).

[120] Gil-Pareja S, Vivero R L et al. The effect of the great recession on

foreign direct investment global empirical evidence with a gravity approach [J]. Applied Economics Letters. 2013 (13).

[121] Ginsburg T. International substitutes for domestic institutions: Bilateral investment treaties and governance [J]. International Review of Law and Economics, 2005 (1).

[122] Gomez-Mera L, Varela G et al. A bit far? Geography, international economic agreements, and foreign direct investment: Evidence from emerging markets [DB/OL]. World Bank Policy Research Working Paper No. 8185, The World Bank, 2017. 9. 7, https://papers.ssrn.com/sol3/papers.cfm?abstract_id=3034079.

[123] Guerin S S. Law and foreign direct investment [DB/OL]. Institute for European Studies Working Paper No. 4, 2011. 12. 22, http://dx.doi.org/10. 2139/ssrn. 1975748.

[124] Habib M, Zurawicki L. Corruption and foreign direct investment [J]. Journal of International Business Studies, 2002 (33).

[125] Haftel Y Z, Thompson A. Delayed ratification: The domestic fate of bilateral investment treaties [J]. International Organization, 2013 (2).

[126] Haftel Y Z. Ratification counts: US investment treaties and FDI flows into developing countries [J]. Review of International Political Economy, 2010 (2).

[127] Hajzler C. Resource-based FDI and expropriation in developing economies [J]. Journal of International Economics, 2014 (1).

[128] Hajzler C, Rosborough J. Government corruption and foreign direct investment under the threat of expropriation [J]. Staff Working Papers, Bank of Canada, 2016, https://www.bankofcanada.ca/wp-content/uploads/2016/03/swp2016 - 13. pdf.

[129] Hallward-Driemeier M. Do bilateral investment treaties attract FDI? Only a bit and they could bite [R]. In The Effect of treaties on foreign direct investment: Bilateral investment treaties, double taxation treaties, and investment flows, edited by Sauvant, Karl and Sachs, Lisa. New York: Oxford University Press, 2009, doi: 10. 1093/acprof: oso/9780195388534. 003. 0013.

[130] Han D, Chen Z et al. To sign or not to sign: Explaining the forma-

tion of China's bilateral investment treaties [J]. International Relations of the Asia-Pacific, 2020 (3).

[131] Havranek T, Irsova Z. Estimating vertical spillovers from FDI: why results vary and what the true effect is [J]. Journal of International Economics, 2012 (2).

[132] Hindelang S, Krajewski M. Shifting paradigms in international investment law: More balanced, less isolated, increasingly diversified [DB/OL]. Published to Oxford Scholarship Online, 2016.4, http: //dx. doi. org/ 10. 1093/ acprof: oso/9780198738428. 001. 0001.

[133] Hofmann C, Osnago A et al. Horizontal depth: A new database on the content of preferential trade agreements [R]. World Bank Policy Research Working Paper, 2017.

[134] Jacobs M. Do bilateral investment treaties attract foreign direct investment to developing countries? [J]. A review of the empirical literature. International Relations and Diplomacy, 2017 (5).

[135] Jandhyala S, Weiner R. Do international investment agreements protect investment? Micro-level evidence [J]. Academy of Management. Proceedings, 2014 (1).

[136] Jandhyala S, Henisz W J et al. Three waves of BITs: The global diffusion of foreign investment policy [J]. Journal of Conflict Resolution, 2011 (6).

[137] Javorcik B S, AlessiaL T et al. New and improved: Does FDI boost production complexity in host countries? [J]. Economic Journal, 2018 (6).

[138] Julio B, Yook Y. Policy uncertainty, irreversibility, and cross-border flows of capital [J]. Journal of International Economics, 2016 (11).

[139] Kerner A, Lawrence J. What's the risk? Bilateral investment treaties, political risk and fixed capital accumulation [J]. British Journal of Political Science, 2014 (1).

[140] Kerner A. Why should I believe you? The costs and consequences of bilateral investment treaties [J]. International Studies Quarterly, 2009 (1).

[141] Keuschnigg C. Exports, foreign direct investment, and the costs of corporate taxation [J]. International Tax and Public Finance, 2008 (4).

[142] Kohler W K, Stähler F. The economics of investor protection: ISDS

versus national treatment [DB/OL]. CESifo Working Paper No. 5766, 2019. 8, http: //dx. doi. org/10. 2139/ssrn. 2752375.

[143] Kollamparambil U. Bilateral investment treaties and investor state disputes [DB/OL]. Economic Research Southern Africa Working Papers, No. 589, 2016. 3, http: //www. econrsa. org/system/files/publications/working _ papers/working_paper_589. pdf.

[144] Kox H, Rojas-Romagosa H. How trade and investment agreements affect bilateral foreign direct investment: Results from a structural gravity model [J]. World Economy, 2020 (12).

[145] Lavopa F M, Barreiros L E et al. How to kill a BIT and not die trying: Legal and political challenges of denouncing or renegotiating bilateral investment treaties [J]. Journal of International Economic Law, 2013 (4).

[146] Lejour A, Salfi M. The regional impact of bilateral investment treaties on foreign direct investment [DB/OL]. CPB Discussion Paper No. 298, 2015, https: //ideas. repec. org/p/cpb/discus/298. html.

[147] Liu P, Lu Y et al. Can Foreign direct investment promote BIT signing? [J]. Journal of Asian Economics, 2021 (8).

[148] Lukoianova T. The signaling role of BIT stringency for facilitating FDI [R]. Academy of Management Proceedings, New York, 2013.

[149] Manger M S, Peinhardt C. Learning and the precision of international investment agreements [J]. International Interactions, 2017 (6).

[150] Minhas S, Karen L et al. The reputational impact of investor-state disputes [J]. International Interactions, 2018 (5).

[151] Muendler M A, Becker S O. Margins of multi-national labor substitution [J]. American Economic Review, 2010 (5).

[152] Myburgh A, Paniagua J. Does international commercial arbitration promote foreign direct investment? Journal of Law and Economics, 2016 (3).

[153] Neumayer E, Spess L. Do bilateral investment treaties increase foreign direct investment to developing countries? [J]. World Development, 2005 (10).

[154] Nguyen T V H, Cao T H V et al. The impact of heterogeneous bilateral investment treaties on foreign direct investment inflows to Vietnam [DB/OL]. WTI Academic Cooperation Project Working Paper Series, 2014. 3, http: //

dx. doi. org/10. 2139/ssrn. 2618451.

[155] North D C. A transaction cost theory of politics [J]. Journal of Theoretical Politics, 1990 (2).

[156] Orefice G, Rocha R. Deep integration and production networks: An empirical analysis [J]. The World Economy, 2014 (1).

[157] Ossa R, Staiger R W et al. Disputes in international investment and trade [DB/OL]. No 27012, NBER Working Papers, 2020. 4. 1, http: //www. nber. org/papers/w27012.

[158] Pinto, Pablo M et al. Regulating foreign investment: A study of the properties of bilateral and multilateral investment regimes [R]. Washington, DC: APSA Annual Meeting, 2010.

[159] Poulsen L. The significance of south-south BITs For the international investment regime: A quantitative analysis [J]. Northwestern Journal of International Law and Business, 2010 (1).

[160] Poulsen L. Bounded rationality and the diffusion of modern investment treaties [J]. International Studies Quarterly, 2013 (1).

[161] Poulsen L, Aisbett E. When the claim hits: Bilateral investment treaties and bounded rational learning [J]. World Politics, 2013 (2).

[162] Ramondo N, Rodriguez-Clare A et al. Multinational production: Data and stylized facts [J]. American Economy. Review, 2015 (5).

[163] Ríosmorales R, Gamberger D et al. The impact of bilateral investment treaties on foreign direct investment in Switzerland [J]. Journal of Comparative Economics, 2014 (9).

[164] Rosendorff, B. P, and K. Shin. Importing transparency: The political economy of BITs and FDI flows, 2014, http: //www. researchgate. net/publication/266869611.

[165] Ross A G. Governance infrastructure and FDI flows in developing countries [J]. Transnational Corporations Review, 2019 (2).

[166] Salacuse J W, Sullivan N P. Do BITs really work? An evaluation of bilateral investment treaties and their grand bargain [J]. Harvard International Law Journal, 2005 (46).

[167] Sauvant C J, Sachs K P. The effect of treaties on foreign direct in-

vestment: Bilateral investment treaties, double taxation treaties and investment flows [J]. International Business Review, 2010 (4).

[168] Sauvant K P, Chen H. A China-U. S. bilateral investment treaty: A template for a multilateral framework for investment? [J]. Transnational Corporations Review, 2013 (5).

[169] Schjelderup G, Stähler F. Investor-state dispute settlement and multinational firm behavior [J]. Review of International Economics, 2021 (4).

[170] Shingal A. Going beyond the 0/1 dummy: Estimating the effect of heterogeneous provisions in services agreements on services trade [DB/OL]. SSRN Electronic Journal, 2014. 10. 1, http: //dx. doi. org/10. 2139/ssrn. 2528699.

[171] Silva J, Tenreyro S. The log of gravity [J]. Review of Economics & Statistics, 2006 (4).

[172] Simmons B. Bargaining over BITs, arbitrating awards: The regime for protection and promotion of international investment [J]. World Politics, 2014 (1).

[173] Sirr G, Garvey J et al. Bilateral investment treaties and foreign direct investment: Evidence of asymmetric effects on vertical and horizontal investments [J]. Development Policy Review, 2017 (1).

[174] Stock J H, Wright J H et al. A survey of weak instruments and weak identification in generalized method of moments [J]. Journal of Business & Economic Statistics, 2002 (4).

[175] Swenson D L. Why do developing countries sign BITs? [J]. Journal of International Law and Policy, 2005 (1).

[176] Thompson A, Broude T et al. Once bitten, twice shy? Investment disputes, state sovereignty, and change in treaty design [J]. International Organization, 2019 (4).

[177] Tian W, Yu M. Distribution, outward FDI and productivity heterogeneity: China and cross-countries' evidence [J]. Journal of International Financial Markets, 2020 (67).

[178] Tobin J L, Rose-Ackerman S. When BITs have some bite: The political-economic environment for bilateral investment treaties [J]. The Review of International Organizations, 2011 (1).

[179] Tobin J L, Busch M L. A BIT is better than a lot: Bilateral investment treaties and preferential trade agreements [J]. World Politics, 2010 (1).

[180] Tomashevskiy A. Networked capital: Indirect investment and BIT formation [J]. Business and Politics, 2022 (1).

[181] Ullah M S, Inaba K. Liberalization and FDI performance: Evidence from ASEAN and SAFTA member countries [J]. Journal of Economic Structures, 2014 (3).

[182] Uttama N P, International investment agreements provisions and foreign direct investment flows in the regional comprehensive economic partnership region [J]. Economies, 2021 (1).

[183] Vashchilko T. Three essays on foreign direct investment and bilateral investment treaties [D]. Stetkolich: The Pennsylvania State University, 2011.

[184] Wei S J. How taxing is corruption on internal investors? [J]. Review of Economics and Statistics, 2000 (1).

[185] Wellhausen R L. Recent trends in investor-state dispute settlement [J]. Journal of International Dispute Settlement, 2016 (1).

[186] Williams C, Lukoianova T et al. The moderating effect of bilateral investment treaty stringency on the relationship between political instability and subsidiary ownership choice [J]. International Business Review, 2017 (1).

[187] Yackee J W. Bilateral investment treaties, credible commitment, and the rule of international law: Do BITs promote foreign direct investment? [J]. Law & Society Review, 2009 (42).

[188] Yamaguchi S. Greening regional trade agreements on investment [DB/OL]. OECD Trade and Environment Working Papers, 2020.10.26, https://www.oecd-ilibrary.org/environment/greening-regional-trade-agreements-on-investment_4452a09d-en.

[189] Yeaple S R. Firm heterogeneity and structure o US multinational activity [J]. Journal of International Economics, 2009 (2).